有機給食スタートブック

●考え方 ●全国の事例 ●Q&A

Organic School Lunches Bridge Agriculture and Communities

鶴理恵子・谷口吉光 … 編著

Rieko Tsuru / Yoshimitsu Taniguchi

農文協

はじめに

子どもたちが食べる給食に地元でとれた有機野菜や有機米を使おう――。「有機給食」、あるいは「オーガニック給食」と呼ばれる取り組みが全国で広がっている。愛媛県今治市や千葉県いすみ市のような有名な先進地もあれば、最近取り組みが始まったばかりの地域もある。でも全国の大半の自治体ではまだ目立った動きは起こっていない。それも無理はない。有機給食は日本では始まったばかりの新しい取り組みだからだ。

だから、有機給食を実現したいと思っても、具体的に何をどうしたらいいのかわからないという人が多いのではないだろうか。あるいは、有機給食のどこがいいのか、なぜ有機給食にしなければならないのかと疑問に思っている人もいるだろう。また、有機なら海外産でもいいのか、減農薬ではダメなのかなど、考えだすといろいろ疑問が湧いてくる。本書はそうした疑問にも答えながら、有機給食の意義と可能性、事例紹介、仕組みづくりのノウハウなどをまとめた本である。

ＰＡＲＴⅠでは「有機給食が地域を元気にする」と題して、有機給食がなぜ必要なのか、どんな可能性をもっているのかについてまとめてある。ＰＡＲＴⅡでは全国10地域の事例を紹介した。ここを読むと、有機給食にはさまざまな形があることがわかるだろう。ＰＡＲＴⅢでは有機給食の仕組みづくりを16の質問に答える形で具体的に解説し、ＰＡＲＴⅣでは有機給食と地域づくりに関する事例を４つ紹介した。最後の「まとめにかえて」では、有機給食が持つ大きな可能性と明るい展望について論じている。

本書の成り立ちを説明したい。編者の靏《つる》さんと私は日本有機農業学会に所属している。2021年6月27日、学会が公開シンポジウム「今なぜ、有機学校給食なのか？　国内外の事例から考える」をオンラインで開催したところ、聴講者が会員と非会員を合わせて250名を超えるなど、大きな反響があった。農文協がこのシンポジウムに注目して、本書の刊行を提案してくれた。座長を務めた私と当時研究活動委員長だった靏さんで編者を引き受けることにし、21年9月から約1年半かけて刊行にこぎ着けることができた。

言葉の使い方について一言述べる。本書では「有機給食」という言葉で統一しているが、「オーガニック給食」と同じ意味だと考えている。ただし、有機であればどこでとれた農産物でもよいという立場は取らず、あくまで「地元産」にこだわっている。

いろいろ書いたが、あまり難しく考えずにまずこの本を手にとってみてほしい。本書で紹介されている実践者だって、最初は読者の皆さんと同じように何もないところからスタートしたのだから。最後に本書の完成までにはたくさんの方々のご協力をいただいた。個別にお名前をあげることはできないが、心からお礼申し上げます。

有機給食が地域を元気にし、農業と地域をつなぐ架け橋になっていくことを願って

2023年2月　　谷口　吉光

目　次

PARTⅡ

有機給食の現在・過去・未来

こんなふうに動いている・動いてきた

〈比較的新しいところ〉

PART Ⅲ

実現へのハードルをどう越える

トビラカット／鈴木衣津子

PART I

考え方

なぜ有機給食に注目するのか

学校給食は、子どもを真ん中にして眺めてみると、多様な人びとがつながり、その地域を豊かにするきっかけ（契機）となる大きな可能性を持っていることがわかる。ＰＡＲＴⅠでは、有機給食が地域を元気にするとはどういうことか、給食をとおして生まれる、食に関わるさまざまな人びと（生産者、学校、栄養士、調理員、保護者、子どもたち等）の相互のつながりのなかから、食と農・農業、農村と都市の関係性、現代社会のありようを再考する動きが生まれていることを示そうと思う。

有機給食が地域を元気にする

鶴《つる》　理恵子（専修大学人間科学部教授）

1　有機給食が持つ可能性

食の当事者は誰？

食は誰のものだろうか。福岡に本社のある西日本新聞社の記者・佐藤弘は、2000年代初頭から「食卓の向こう側」というテーマで長期の連載を企画し、その都度、ブックレットにまとめてきた。『食卓の向こう側』（西日本新聞ブックレット）第1巻は2004年刊行で、そのシリーズはよく知られている。佐藤の持論は、農業をテーマにすると聞き手は農業関係者だけになりやすいが、食をテーマとすると全然違う、食は誰もが当事者であること、したがって食をめぐるあらゆる問題を取り上げることができる、というものである。

筆者も同様の考えに立つ。本書のタイトルは、『有機給食スタートブック』である。給食、しかも有機給食とは、ずいぶん興味関心のある人を絞ったものだと思われるかもしれない。しかし、そうではない。本書では、すでに有機給食に関心を持つ人だけでなく、広く農業関係者、そして日本で圧倒的多数を占める非農家市民も含めた人びとともに、有機給食を始めることについて考えてみたい。各地の取り組みは、こうあるべきという理念の提示に加え、こうやってできた、こうなっているという現実である。それはこれから取り組もうかと考えている人びとにとって、大きな助けとなるだろう。

さらに、有機給食の取り組みからは、給食を食べる子どもたちの食を豊かにするだけでなく、私たち一人ひとりが食と農、農業、農村―都市、現代社会のありようについて考えるきっかけになるのではないか、とも思う。有機給食を題材にした食・農・社会の再考である。

食・農・社会の再考

農業史や食の思想史の研究者である藤原辰史は、食べるという行為を人間以外の命を奪い、口に入れて、排泄することであるが、仮に動物を殺すことを工業化によってスキップすることは、人間が食物連鎖のなかにあることを忘れ、自然とのリンクを断つことを意味する、と言う。そして、地球環境問題の根本には、お金を払えば何を食べても自分の自由だという「食の個人主義」があること、好きなものを食べているつもりでもいつしか広告が宣伝する通りに食べていたり、大量生産・大量消費・大量廃棄のフードシステムに寄与していたりする、と指摘する。そして、もう一度、食がみんなの共有物であった原点に戻り、限りある食料をどう分配するかを政治の問題として考えていくことの重要性を主張している（注1）。

（注1）「The Asahi Shinbun GLOBE」2021年11月7日、No.247

藤原が警鐘を鳴らす「食の個人主義」の超克および自然とのつながりの再認識のためには、いろいろな方法が考えられる。その一つとして学校給食の有機食材化の取り組みがあげられる。以下、そのことを具体的に述べていこう。

学校給食の多元的な効果

藤原は、『給食の歴史』（岩波新書、2018年）で給食が福祉政策、教育政策、農業政策、災害対策のはざまにある、きわめて多元的な効果をもたらす場であったとする。学校給食が貧困児童を救うために誕生したこと、近年では「子どもの貧困」と関連して注目されていることから、福祉政策としての側面は広く理解されつつある。教育との関連でも、配膳・食事・片付けの一連の作業を子どもたち自身が行なうことに始まり、食育との絡み等で理解されてきた。災害については、給食調理場や給食センターが災害時の炊き出しの拠点となり得ることや、発災直後の混乱したなか、子どもたちの食事を保障する機会・場としての期待が高まっている。

日本社会において1990年前後から拡大し始めたさまざまな「格差」は、2005年頃から「子どもの貧困」への着目により、可視化されることとなった。直接的には、2006年、OECD（経済協力開発機構）が「対日経済審査報告」で、日本は先進諸国のなかでアメリカに次ぐ相対貧困率の高さおよび子どもの相対貧困率の高さを指摘したことが契機である。そうしたなか、社会政策が専門の阿部彩による『子どもの貧困』（岩波新書、2008年）は一般書として多くの読者を得た。「子どもの貧困」が各家庭の私的問題にとどまるのではなく、社会問題であるととらえる視点の提示に、阿部の研究や著作物が果たした役割は大きい。

行政学が専門の鳫《がん》咲子は、学校給食が当初から持っている「平等性」に着目している。経済的な理由で生じる子どもの食生活の格差は大きく、学校給食にはその格差を縮める機能があること、給食は子どもの食のセーフティネットであり、将来の心身の健康に直結する子ども時代の食生活は社会保障であると考え、みんなで費用を負担するということを考えるべきであると述べる。

以上の指摘をふまえたうえで、次に新たな観点を付け加えたい。それは、農業政策・地域政策という観点である。

農業政策・地域政策という観点

筆者は「地域農業と有機農業、地産地消をつなぐのが有機給食である」と考える。学校給食、とりわけ有機給食は、子どもを真ん中に、多様な人びとをつなぎ、地域を豊かにするきっかけ（契機）となるものである。

地域にはさまざまな「違い」を持つ人たちが暮らしている。近くに住んでいるという点では物理的距離は近いが、互いの社会的距離は案外遠い。年齢、職業、性別、国籍、価値観等により、ふだんはなかなか出会わず、つながりのない人たちである。

人口規模の大きな都市では、隣近所のつきあいはほとんどないのが「常態」であり、自分を地域住民として意識する機会はほとんどない。一方、少子・高齢化のすすむ農山村や人口規模の小さな都市では、隣近所のつきあいはまだ残っていることが多く、地域を意識する機会も多い。

都市に住む人びとの大半は、ほぼ「100%消費者」あるいは「非農家市民」である。食べものは「買う」ものであり、自らつくるものではないし、誰かからもらったりすることもない。一方、農山村や小さな自治体においては、住民の多くは何らかの形で自給用の野菜等をつくっていたり、隣近所からおすそ分けとして野菜等をもらったりしている。本人は「100%消費者」でも、田んぼや畑、そこで作業する人の姿を日常的に見ている場合が多い。

市場を介さずに食べものを手に入れる社会関係を持つか否か、生産の現場と生産者の姿が視界にあるか否か、この違いが生み出す暮らしのあり方・価値観の違いは大きい。藤原が指摘していた「食の個人主義」や自然との関わり方の認識の問題の根っこは、ここにあると思われる。

しかし今、不思議なことに、農山村や小規模地方都市においても、大都市においても同様に有機給食への期待が生まれ、高まっている。その動機や契機、背景はさまざまで、今はまだ個々バラバラの動きであるが、目指す方向はほぼ同じなのである。仮に、こうした同時多発的、内発的な動きが横につながり、全県的、全国的な運動をつくり出せれば、学校給食はその根底から変わる可能性を持つ。

「違い」をどう乗り越え、つながるか

従来は地域内に暮らす多様な人びとのそれぞれの「違い」を乗り越えることは、難しいとされてきた。たとえば、同じ農家でも農法が違う、慣行農業か有機農業かで、ほとんど交流がなかったりする。あるいは、立場が違う、子ども、子どもの家族、学校（校長・教頭、先生）、栄養士、

調理員、農家、ＪＡ、地域住民、市民……。そうした人びとは、物理的にはすぐそばにいるのに、社会的、心理的距離は、かなり遠い。それぞれが持つ「思い込み」や「常識」が、一緒に何かをするときの最初の一歩を邪魔している。

実際、それぞれの思いや問題関心は多様である。都道府県や市町村などの地方自治体は、地域の農家、地域農業の維持・発展に役立てたい、有機農業でまちのイメージアップにつなげたい、Ｉターン者やＵターン者を増やしたい。国は、「みどりの戦略システム」の目標（有機農業の面積を全体の４分の1に）を達成したい。個々の農家は、自家の経営を安定させたい。集落内、地域内の遊休農地を減らしたい。子どもたちは、おいしく、楽しく食べたい。保護者は、栄養バランスのとれた食事をとらせたい。各学校や給食センターの栄養士、調理員たちは、やりがいや誇りを感じつつ、安全、安心、栄養補給となる給食を提供したい。学校（校長・教頭、教師）は、食育につなげたい。食べること、食べもののつくられ方、食材のつくり手等に関心を持ってほしい、楽しい時間を過ごしてほしい、栄養をとってほしい。

こうしたさまざまな人びとは、どうしたらつながることができるのか。子どもを「真ん中」に学校給食を考えることで、こうしたそれぞれの思いや問題関心が、一つにまとまっていく。本書で提示したいのはそうした理念であると同時に、すでに生まれている現実である。有機給食が地域を元気にすることを理念と現実の両方から述べることにする。

2 有機給食とは

有機給食の定義

最初に、言葉の意味を確認しておこう。給食とは、『広辞苑　第7版』（2018年、岩波書店）では「学校・工場などで児童・工員に食事を与えること、またはその食事」で、学校給食は、「学校において児童・生徒に食事を提供すること。学校給食法（1954年公布）により規定」とある（同書）。

ここでは、有機給食を「保育園、幼稚園、学校、福祉施設、病院、役所、刑務所等で提供される食事の食材が有機農産物であるもの」とし、有機給食のなかに有機学校給食は含まれ、有機学校給食は、「学校給食の食材に地元の有機農産物を使った給食のこと」とする。

ただ本書では以下のように、もう少し広げた事例を扱っている。①学校（小・中学校）だけでなく、保育園、幼稚園も含める、②地元とはその自治体および近隣の自治体を指す。国産でも遠隔地のもの、また海外のものは含まない。理由は、有機農産物は、地産地消の考え方や地域農業の存続・発展と密接不可分であると考えるからである、③完全に有機無農薬栽培で生産されたものだけでなく、できるだけ有機無農薬に近づけて栽培されたものも含む。ゼロか百かではなく、有機学校給食を目指した漸進的な取り組みも重視したいからである。

以下、学校給食の歴史のなかに、近年の新たな潮流である有機学校給食を求める動き・取り組みを位置づけることにしよう。

自治体によるばらつき

自治体や地域により、給食の実施状況には大きな差が見られる。小学校では100%近い実施率だが、中学校では地域や自治体により大きなばらつきが見られる。給食無償化や地産地消の食材導入など、いろいろな工夫をしている自治体とそうでない自治体とにはっきりと分かれている。

文部科学省による調査（2018年度5月1日現在）によると、特に中学校において実施率に差が大きい。たとえば、神奈川県横浜市の場合、人口の急増による学校建設が優先されて、給食提供は後回しになった、とされる。給食センター建設には莫大な予算が必要ということで、弁当持参か業者提供の弁当購入等で長年対応しており、保護者の間では諦めも強かった。しかし、2013年、同じような状況であった神奈川県川崎市で中学校での給食実施を公約の一つに掲げた首長が誕生し、給食提供がすすむことになった。2013年に初当選した福田紀彦市長が2017年に市内全52校での中学校給食を導入、市内3カ所に給食センターを開設し、年間20億円超を投じて運営を続けている。

この動きに刺激され、横浜市でも近年、市民運動が盛り上がりをみせている。2021年8月の横浜市長選で中学校給食の全員実施を公約とした候補者が当選し、生徒・保護者アンケートの実施等準備が進められている。2022年8月には、すべての生徒が満足できる中学校給食の実現を目指し、2026年度までにデリバリー方式による供給体制の確保を行なうと市長がその方針を提示している。

食材へのこだわり・地産地消、無償化、自校方式の自治体

一方、地産地消や有機農産物の食材を積極的に取り入れている自治体、給食費無償化の自治体、自校方式を守る自治体等もある。これは、「学校給食法」に基づき、自治体の判断・裁量に大きく委ねられているからである。つまり、各自治体の学校給食の現状は、当該自治体の学校給食に対する考え方を端的に示しているともいえる。

2016年12月に朝日新聞社が全都道府県教育委員会に実施市町村を尋ねたうえで、個別市町村を取材した結果が報告されている。その結果は、「給食無償化　じわり拡大　子育て支援で増加　55市町村に」という見出しに端的に示されている。人口1万人未満の市町村が4分の3を占めること、全国の公立小中学校の児童・生徒に対する無償化の対象人数は1％未満であること、無償化の効果としては保護者の負担軽減の他、給食費の滞納や未納トラブルがなくなったことがあるとする。また、無償化には至らなくとも、部分的に補助する制度の導入が増えていることもわかる。一方で、2011年から幼稚園から中学校までの給食無償化に踏み切った兵庫県相生市では、なぜ若い世代だけに税金をばらまくのかという声が根強くあるという。

学校給食全体の底上げという観点

「子どもの貧困」の観点からは、学校給食が栄養面で子どもの育ちを支える重要な役割を担っているると評価されている。先述のように、完全給食ができていない自治体もあるなかで、有機給食を進めるということは、どうなのか、という声もあるかもしれない。さらなる給食格差を生む、税金の無駄遣い、公平性を欠く施策等の批判である。

しかし、こうだったらいいなという理想に近づけることは、学校給食全体の底上げをはかる、みんなが良くなるという意味で、重要なことである。けっして格差を容認するものではない。藤原辰史は、「食う食えないという生存の問題と、おいしいまずいというテイストの問題」がつねに給食には並存してきたこと、しかし、この二つは水と油の関係ではなく、「給食とは、子どもたちの生存をおいしい食事で確保することである」と述べている。筆者も同感である。

学校給食をめぐるさまざまな運動は、何か統一されたものがあったわけではなく、各時代にそれぞれの地域でさまざまな要求が掲げられ、展開されてきた。保護者、生産者、栄養士・調理員、学校、市民等の粘り強い働きかけを行政が受け止め、時に首長の判断が大きく影響を与えてきた。

１９８０年代の親たちによる学校給食改善運動が契機となった愛媛県今治市の取り組みはよく知られている。しかし、１９９０年代以降、新自由主義にもとづく行政改革、規制緩和の波が学校給食の現場にも押し寄せ、自校方式からセンター方式、直営から民間委託へという大きな変化を余儀なくされた自治体も多い。

２０００年代初頭には、地産地消推進という行政からの働きかけが始まる。学校給食における地場産物の利用は、食育基本法にもとづく食育推進基本計画（２００６年3月）において、食育の総合的な促進に関して取り組むべき施策の一つとして「地産地消の推進」や「米飯給食のいっそうの普及・定着の促進」が位置づけられ、２０１０年度までに食材ベースの利用割合を30％以上（全国平均）とする目標に向けて、推進が図られてきた。２０２１年3月、第４次食育推進基本計画が策定された。食育基本法では、都道府県や市町村に、食育推進基本計画を基本として、それぞれ食育推進計画を作成する努力義務が規定されている。そのなかで、学校給食への食材提供を通じての地産地消推進が盛り込まれていることが多い。ただ、食育推進は広範にわたり、学校給食と地産地消を結びつけた動きはそのなかで埋もれており、政策のインパクトは弱いと言わざるを得ない。

行財政の効率化がいっそう推し進められるなか、学校給食の大規模センター化と民間委託化がすすむ状況は続いている。岡山県の流れはその典型例である。かつては、自校方式および学校栄養士の配置が大きな特徴であった岡山市の学校給食であるが、１９９０年代に入ると徐々に民間委託、給食センターへの統合が進められていった。２０００年から小学校1校、中学校1校から始まった民間委託は、２０２１年5月時点では小学校21校、中学校23校にまで増えている。しかし、この効率化の流れに抗おうと、何とか地場産の食材提供・利用を推進し、給食センター大規模化・民間委託に抵抗する動きも続いている。ＰＴＡや市民、生産者、学校、給食現場で働く人びと等の声が、学校給食のありようを決める行政にどう働きかけるかが問われてきた。

そうしたなか、2020年前後から、有機学校給食を求める声の高まりが全国各地で見られるようになっている。それは近年の新たな傾向として注目すべきことである。子どもの親たちの運動、地域農業・地域社会の維持存続の取り組みなど、それぞれ一部重なり、ズレもある。それぞれの論理をお互いに理解し合うことが必要であり、それらをつなぐ視点＝食と農・地域をあわせて考えることがポイントとなる。

3 「みどりの食料システム戦略」を追い風に

「みどり戦略」の立てた目標

2021年3月、農林水産省が発表した「みどりの食料システム戦略（以下、みどり戦略）」のインパクトにも着目しておきたい。2050年までに①農林水産業のCO_2排出量をゼロに、②化学農薬の使用量50％削減、③化学肥料の使用量30％削減、④有機農業の面積を全農地の25％（100万ha）に、という四つの数値目標が掲げられている。

これらの数値目標を本気で実現するのであれば、1960年代以降、一貫して農業の近代化として農薬・化学肥料の使用を前提に規模拡大・単作化を進めてきた日本の農業政策を根底から再考しなければならない内容となっている。また、実現のための具体的施策をめぐり議論は始まったばかりである。

有機食材の公共調達という視点

しかし、有機農産物生産の拡大は消費の拡大があってこそ可能となること、その消費拡大の有力な方法として公共調達がたいへん有効な手段であることは、間違いない。

2022年現在、「みどり戦略」の内容は、まだ一般市民に広く知られているとは言いがたいが、有機給食を求める人びとにとって、「追い風」となっている。有機食材の公共調達という枠組みは、学校・保育園・病院・役所・刑務所等の公共的施設での給食食材として、有機食材を優先的に導入していくという方法の導入・推進に正当性を与えることになるからである。

有機食材の公共調達は、グリーン公共調達の考え方に通じるものである。グリーン公共調達とは、環境にやさしい商品やサービスの普及を促進する方策の一つで、中央や地方の政府の公共機関が環境にやさしい商品やサービスを調達することによって、その生産と消費を促進する政策を指す。

有機食材の公共調達は、国や地方自治体が運営する公共の保育園・幼稚園・学校・病院、その他の施設などにおける給食やケータリングで使用する食材の一部またはすべてを公共予算で購入して提供することで、有機食料の需要が高まり、それを生産する有機農業の促進を図ろうとするものである。

4　有機給食が必要な三つの理由

有機食材による給食がなぜ今求められているのか。筆者は大きく以下の三つがあげられると思う。一つは、食の安全性への対応（農薬の危険性を含む）である。二つめは、地域農業と地域社会の維持存続に必要であること、三つめは、子どもに限らない食育（子ども、子どもの親たち、農家、学校関係者、地域住民、一般市民）が可能となること、である。

意外なことにこれら三つについては、一部の関係者の間では早くから認識されてきたが、一般的にはほとんど意識されてこなかった。しかし、近年急速に全国各地、さまざまに立場の異なる人びとの間から声や動きが上がってきている。学校給食をめぐる人びとの関心が、急速に高まっているのである。それは、極限にまで進んだ現代社会における学校と地域社会の乖離、食の生産から流通、消費までの一連の流れへの無関心、それらへの危機感の表れであると考える。以下、一つずつ見ていこう。

食の安全性への対応

農薬の危険性について論じることは、現在に至るまで非常に困難なことが多い。１９６０年代初頭、アメリカの科学者レイチェル・カーソンが刊行した『沈黙の春』は世界中に大きなインパクトを与えた。日本でも翻訳され、有機農業や自然農、環境問題への関心や実践者を生み出してきたことはよく知られている。しかし、刊行当初から農薬会社やその関係者からの誹謗中傷は激しいものであった。本の内容が経済的にも政治的にも力を持つ農薬関連業界への痛烈な批判であったことに加え、レイチェル・カーソンが女性であったことで二重の意味でのバッシングがなされたとされる。

それから80年近く経過した2022年現在、農薬の危険性をめぐる状況はどうなっているか。EUの農業政策においては農薬の規制が厳しく制度化されていること、特に、ネオニコチノイド系農薬の禁止は注目すべきところである。一方、日本の規制はそうした諸外国と比べるとたいへんゆるやかなものにとどまっている。詳細は、コラム1に書かれている通りである。ここでは、日本政府の立場を端的に示している「みどり戦略」と、多くの農家の実感の二点を述べておきたい。

「みどり戦略」では、先述の四つの数値目標とともに、「安全な農薬の開発とその利用」も記しており、有機農業と慣行農業の併存あるいは等値を前提としているかのように読み取れる。

1960年代初頭の農業近代化政策の推進以降、農薬を使い続けてきた日本社会において、農家は農薬使用をめぐってどのような実感を抱いてきたのか。農民作家の山下惣一（1936年生まれ）は西日本新聞の連載「振り返れば未来」（全104回）で「農家はできれば農薬を使いたくない」と思っている、と率直に述べている（のちに、山下惣一〔著〕・佐藤弘〔聞き手〕『振り返れば未来　山下惣一聞き書き』2022年、不知火書房）。埼玉県朝霞市で2006年頃から市民体験農園を始めたさかうえ農園前園主の渡辺俊夫さんも同様のことを述べている。

できれば使いたくない、というのが多くの農家の本音であることは間違いない。このことが、学校給食にはできれば有機食材を、という有機給食の取り組みを始め、進め、広げていくときの重要なポイントとなる。農薬や化学肥料の使用をどこまで認めるか否かは、議論のやり方によっては関われる人たちを増やすことになったり、逆に広がりを欠いたりする。「できれば使いたくない」という思いを共通項として、実際の運用でどこまで柔軟に対応していくかが問われている。

地域農業と地域社会の維持存続

1954年にできた「学校給食法」では、給食を出すか出さないか、メニューをどうするか等の権限は自治体に委ねられている。したがって、全国の小中学校で提供されている学校給食の内容は一律ではない。自治体の学校給食に対する考え方が反映されやすいといえる。

「平成の大合併」と称される市町村合併により、合併前の行政サービスや制度が後退したという例は、枚挙にいとまがない。

しかし、市町村合併による大波を何とか乗り越え、地産地消およびできるだけ安全な食材を学校給食に供給し続けてきた事例は、全国に存在している。本書でもそれらのいくつかを取り上げている。

その一つ、島根県雲南市の事例について、少し補足をしておきたい。雲南市は、2004年11月、大原郡大東町・加茂町・木次町・飯石郡三刀屋町・掛合町・吉田村が新設合併してできた自治体である。旧木次町は、合併前から有機畜産・地産地消・放牧酪農を理念とする木次乳業、自給の延長にあるような有機農業・自然農の生産者たちで知られていた。小さな農家・生産者たちがグループをつくり、できるだけ農薬・化学肥料を使わず野菜を栽培し、学校給食食材提供にも力を合わせてきた。児童・生徒の親たちには周知のことであり、自明のことであった。

多くの場合、合併によりサービスは低いほうに平準化されるが、給食に関しては高いほうへ引き上げられた。旧木次町の取り組みが市全体に広げられることとなった。まさに、自治体の判断により、学校給食のありようが規定されていくことを示す典型例である。

子どもに限らない食育

学校給食が食育の機能を持つ、と言うとき、その対象となるのは学校に通う子どもたち、と考えがちである。まずはそうであるが、実際には子どもに限らず関わる人びとはすべて、何らかの食育の影響下にある。子ども、子どもの親たち、農家、学校関係者、給食関係者、地域住民、一般市民である。

したがって、学校教育をとおしての食育ということは、たいへん壮大なテーマとなる。最終的な目標（ゴール）は、食をとおして暮らしや社会のあり方を問い直すことであるからである。いきなりそのことを考えると、できるのだろうかと無力感にとらわれることもあるかもしれない。しかし、一人ひとりが自分の足元から、自分に引きつけて考え、行動することであるとすれば、無理はしない、できることをできるだけやっていく、ということになる。それなら自分でもできる、と思う人は多いだろう。

たとえば、島根県雲南市で今起きていることはとても興味深く、かつ他の地域にも同様に広がる可能性を思わせるものである。できるだけ農薬や化学肥料を使わずに育てられた米や野菜を学校給食へ届けてきた歴史の上に、今の親たちが子どもと同じ食材を自分たちも食べたい、購入したいという声を上げ、それが学校給食への食材納入の持つ弱点をうまくカバーするとともに、自分たちの地域の学校給食の豊かさを子どもたちだけでなく親や地域住民が感じ、支えることにつながっている。一朝一夕にはできなくても、着実に取り組みを重ねるなかで信頼を得ていくことは、他の地域においてもできることではないか、と思われる。

5 有機給食実現に必要なこと

有機給食の実施および継続のために、必要なことは何だろうか。一つは、仕組みづくり、もう一つはそれぞれの思いを集めること、である。

仕組みをつくる

仕組みがないと、思いだけでは始まらないし、続かない。関わる人びとや組織を書き出して、どうつなげればうまくいくかを整理する。それを具体化する仕組みにする。それは、何が問題でうまくいかないか、を一つずつクリアしていくことでもある。新たなことを始めるときによく言われることだが、「~だからできない」ではなく、「~したらできる」という発想に立つことである。前者の場合、できない理由を考えてしまい、そこで止まってしまう。後者は、どうしたらできるかと考えることで、思考停止に陥らずに、一つひとつ課題を乗り越えていくことができる。

たとえば、給食の献立作成を畑の状況と結びつけて考えるようにする。献立作成者である栄養士と地元農家の情報共有や意見交換の場は必須となる。毎月、各農家の畑で何がどれくらい取れそうか、献立とすり合わせていく。農家は責任を持って納めるとともに、もしそろわない場合は他の農家に助けてもらうような農家同士の連携・協力関係も必要となる。栄養士は、野菜や果物の旬を知り、代替できる食材のレパートリーを増やすなど献立にいっそうの工夫をしていく。

形や大きさがバラバラだと調理員の作業量が増えて困る。どの程度のばらつきなら問題ないのかを調理員によく聞き、理解も得ていく。調理員、農家がお互いに事情を知ることで、協力し合うことができる。

1軒の農家が複数の場所（学校の調理場や共同調理場など）へ、同時刻に持っていくことは不可能である。だとしたら、回収・配送をする別の誰か、をつくるのはどうか。JAがそれを請け負うことで、うまく回っている例もある。

ちょっとした工夫や発想の転換で、難しく思えたことが一つずつクリアされていく。本書のPART Ⅲに示したQ＆Aや各地の取り組み事例に、そうしたことが詳しく記されている。

思いを集める

もう一つは、かかわる人びとの思いを集めることである。すでに述べたように、地域には多様な人びとが暮らし、それぞれが異なる考えを持っている。人びとの考えは異なっているのが当たり前で、簡単に一つにまとまるものではない。だからこそ、子どもたちのために、自分のために、地域のために、地域に暮らすさまざまな人びと・集団・組織の思いを集めて、互いにつながることが重要で、一部の人、特定の人たちだけがやっている、やることではない、という認識が必要である。

人を動かす、人が動くのは、経済的動機とは限らない、もっと違う動機もある。何かの思いから、人は動くこともある。学校給食への食材納入は、農家にとってはそれほど経済的には魅力はない。大規模校、大規模給食センターを除けば、夏休み、冬休み、春休みがあって年中安定的に納入できるわけではないし、1回の納入も量はそれほど多くなく、異なる食材を少しずつ納入する、どちらかといえばめんどくさい仕事である。でも、やりがいや楽しみがある。栄養士の意識、調理員の意識も変わる。子どもの顔を思い浮かべ、農家の顔を思い浮かべて、献立をつくり、調理をする。声が返ってくることで、自分の仕事の意味をかみしめていく。そういう幸せが味わえる、という。

お互いを知ること＝他者の合理性を理解する

お互いを知ること＝他者の合理性を理解することの重要性も指摘しておきたい。保護者中心・主導の運動では、生産者が見えていないことが多い。私たちは正しいことを言っている、わからない人たちのほうが悪い、遅れていると思いがちである。こうした受け止め方では、相手を見下したり、独善的になったりしてしまう。「正義は我らにあり」と思い込んでいるだけに厄介である。

これでは周りの人たちの共感や理解は得られない。

同様に、生産者側が見ている世界とそれ以外の人たちが見ている世界は大きく異なるということも意識しておきたい。私に私なりの合理性（そう考える根拠や理由）があるのと同様に、相手（他者）にもその人なりの合理性がある。

特定の農家だけでまとまること＝それ以外の農家を排除することになり、地域のなかに「壁」をつくってしまうことになる。有機でなければだめだ、という「一方的なこと」を言うと慣行農業をやっている人たちは肩身の狭い思いをすることになったり、「なんだよ」という気持ちになったりする。有機農業か慣行農業か、の二者択一ではなく、子どもたちのために、できるだけ農薬や化学肥料は使わずに、新鮮で安全・安心のもの、値段もそこそこのものを用意したい、つくりたい、使わせてもらいたい。協力してくれないか、という呼びかけとそれに応じてくれる人たちを増やすことが重要である。それは単なる「妥協」ではなく、お互いを知ることで今よりはマシな現実を創り出していくことである。

「子どものために」という魔法の言葉

環境社会学者の鳥越皓之は、人の意見は多様で人の意見は変わる、したがって予定調和的にみんなで一緒に、とはなかなかならない、しかし、何らかの合意を形成することはできること、そうした合意形成のメカニズムを行為論ではなく経験論から考えようとする。つまり、いくつかの選択肢からたまたま選ばれ行なわれた行為を分析の基本にする「行為論」ではなく、人間の行動の結果や将来の行動の予測を、その行動の根源にある経験にまで掘り下げて分析するというものである。

そして鳥越は、経験を「ある人や集団にとっての、過去の記憶されている時間の蓄積のこと」ととらえ、ある行為というものを選択する一要因として感受性を重要視する立場をとる。ある人との人間的な絆、かかわり、心の支えとなる言葉のような感受性と深くかかわる要因によって、人間は動かされる場合が少なくない。

こうした理解の深さがないと、平板な理解にとどまることになる。

たとえば、市場出荷用には農薬や化学肥料を使用してきた生産者が、自給用の畑では農薬や化学肥料をほとんど使用しない、という事実がある。これに対して、「生産者は自分さえよければいいのか」という皮相的な批判があることは、よく知られている。

しかし、生産者がなぜそうした行為を取るのかということをもう少し深く考えてみると、生活がかかっている作物には市場や消費のニーズとされる「見かけのよいもの」になるように気を配り、かつ生産量を確保することに重きが置かれることは、むしろ当然のように思われる。ましてや消費者の「顔は見えない」のである。

一方、学校給食は大きく事情が異なる。供給すべき量は少量で、品目が多数であることが求められる。そして食べる子どもたちの「顔が見える（あるいは顔が想像できる）」のである。少々つくりにくくても何とか対応できる、かつ食べる様子が浮かぶとなれば、できるだけ農薬や化学肥料を減らしてつくるということは、けっしてダブルスタンダードではなく、容易に選択されることなのではないか。そうした生産者の選択の根っこには、鳥越の言う経験（過去の記憶されている時間の蓄積）、つまり生産者自身の記憶された時間の蓄積があるのだろう。

以上の見方は有機給食の取り組みを考える際に示唆的である。「子どものために」という言葉は、関係者のそれぞれの立場その他の違いをやすやすと飛び越えて、それぞれの感受性に強く訴える「魔法の言葉」と言えないだろうか。「まいったな、子どもたちのためと言われたら、断れないじゃないか」という思いも含めて。

参考文献

鳥越皓之『環境社会学の理論と実践』有斐閣、１９９７年
藤原辰史『給食の歴史』岩波新書、２０１８年

コラム1

ミツバチと子どもの健康

真貝理香（総合地球環境学研究所　外来研究員）

私たちの食卓を支える昆虫たち

私たちが食べる多くの果実や野菜は、ミツバチなどの送粉昆虫（ポリネーター）の受粉によって結実する。推計によると、日本における、2013年時点の飼養および野生の送粉昆虫による送粉サービスの経済価値は、日本の耕種農業産出額の8・3％（約4700億円）に相当するという（小沼ほか、2015）。

アメリカでは、2006年に、蜂群崩壊症候群（CCD）と呼ばれる大量のミツバチの失跡や死滅という事象がおきた。一般的に蜂群の減少原因には、ミツバチの食料（蜜源や花粉）不足、ダニ被害、農薬など複数の原因があるが、その後オバマ大統領は2015年、「ミツバチおよび他のポリネーターの健康促進のための国家戦略」と呼ばれるタスクフォース（省庁横断型の作業部会）を発足させた。

これは、ポリネーターの不足は、ハチミツの供給不足だけでなく、作物の受粉不良をもたらし、作物の収穫量の大幅減少につながる、すなわち国家的な食料安全保障の問題であるという危機感にもとづいたものである。

ネオニコチノイド系農薬とは

ミツバチをはじめとしたポリネーターの重要性は、徐々に一般の人にも知られつつあるが、

キンカンに訪花する
セイヨウミツバチ

気になるのが、ミツバチの死亡要因の一つとみなされている農薬、特にネオニコチノイド系農薬についてである。

ネオニコチノイド（以下、ネオニコと略）は、ニコチンに似た化学組成を持つ神経毒の一種であり、水溶性が高く植物への浸透性・残効果性を特徴とする。つまり殺虫成分が植物の表面だけでなく。実・葉・茎・根や、ひいては土壌にも残存するということであり、それゆえ、農薬の散布回数を減らせると、１９９０年代の開発以降、使用が増加した。しかしその後、国内外でミツバチへの被害が確認され、ＥＵは、ミツバチおよび他のポリネーターへの影響も総合的に検討した結果、２０１８年、登録5種類のうち3種類の屋外使用を禁止した（その後、期間限定や作物限定の使用許可あり）。一方日本では現在も、おもに7種類が流通しており、厚労省は、一部のネオニコ系農薬の商品残留基準を２０１５年に緩和している。

ネオニコ系農薬は、カメムシ防除のために、水田でも多く使われる。これはカメムシが穂から汁を吸うことで、黒い斑点のある米ができることを防止するためで、斑点米は食べても問題はなく、通常は出荷前に色彩選別機で除去されるため、消費者のもとには届かない。しかし現行の米の等級制度では、１等米は着色粒の混入が玄米重量の0・1％以下、2等米は0・3％以下と厳しいもので、等級が下がると買取り価格も下がってしまう。この米の等級制度が過剰な農薬散布につながっている側面もあり、等級制度自体の見直しも検討されるべきだろう。

またネオニコは、農家による田畑への散布や松枯れ防止剤のみならず、市販の園芸用品や身近な家庭用殺虫剤にも含有されている（真貝ほか、２０２０）。

懸念される哺乳類への影響

ネオニコ系農薬は開発当初、昆虫には効くが、哺乳類には影響が少ないとされていたが、近年、マウスやラットによる実験で、神経系・生殖系等への影響が相次いで指摘されている（Sano ほか、2016、寺山ほか、2019）。

また、市川ら（Ichikawa ほか、2019）の研究で、母乳の影響を受けない生後48時間以内の新生児の尿からも、ネオニコ系アセタミプリドの代謝物が検出されるなど、母体から胎児への移行は確実となった。これが子どもの健康にただちに影響するかどうかは不明だが、ネオニコは血液脳関門を通ることが判明しているため、脳が未発達の胎児・新生児への影響を懸念する声があがっている。

有機食材の摂取と、尿中のネオニコ成分の調査

こうした国内の現況下で、長谷川（2019）は、北海道大学の研究者らと連携のうえ（Nimako ほか、2022）、一般市民と有機農家、計103名から協力を得て、有機農産物の摂取状況別に、尿中ネオニコ成分の検出状況（ネオニコ7成分と、ネオニコの代謝物1成分）を比較調査した（注1）。被験者の分類は①スーパーなどから購入した通常の食事を3日間摂取（63名）、②提供された有機食材の米・野菜・ジャガイモ・豚肉の味噌漬けを5日間摂取して、外食・スナック菓子やビールなど嗜好品を避ける（36名）、③さらに30日間継続して提供された有機食材を摂取（4名）、また④有機作物を自家消費する有機農家である。その結果、①グループの被験者の尿中ネ

（注1）　長谷川（2019）はサンプル3分の1段階の分析中間報告。Nimako ほか（2022）は、最終報告で、各ネオニコ成分・年齢・性別によるデータにも言及している。本稿では被験者数は Nimako ほか（2022）、尿中ネオニコ成分濃度は、長谷川（2019）によるデータをもとに掲載。

（注2）　ppb は10億分の1を表す。

オニコ濃度合計（平均5ppb（注2））と比較したところ、②は2・3ppb（54%減）、③は0・3ppb（94%減）と低減していた。また、④の有機農家世帯は、0・5ppbという結果であった（注2）。

このことから長谷川は「農薬散布に従事していない一般消費者では農薬は食品を通じて体内に入ってくる」「有機食材摂取によって口から入ってくる農薬を大幅に低減すると（中略）尿中の農薬濃度が下がった」とまとめている。また有機農家であっても①②グループより低い値ではあるが、ネオニコ成分が検出されているのは、これは完全な自給ではないためであると考えられる。

人もミツバチも鳥も

日本でも2018年の農薬取締法の改正により、2021年より、農薬の「再評価制度（全農薬対象・15年ごと）」が導入され、ネオニコ系5成分も再評価検討が進行中である。新制度ではミツバチへの影響評価や、生活環境動植物（鳥類や野生のハナバチ）も、影響評価の対象となるなど、従来よりも評価対象が広がったことは喜ばしい。適切な評価とともに、子どもも大人もミツバチも、健康で安心して暮らせる社会が求められている。

参考文献

小沼明弘ほか（2015）「日本における送粉サービスの価値効果」『日本生態学会誌』65（3）、217-226頁真貝理香ほか（２０２０）「暮らしの中のネオニコチノイド─ネオニコチノイド系殺虫成分含有の家庭用製品についての調査より」『土と健康』10・11月合併号（№５０１）、16–21頁
寺山隼人ほか（２０１９）「ネオニコチノイド系農薬（アセタミプリド）経口曝露による幼若マウス精巣への影響」第46回日本毒性学会学術年会抄録、１３４頁
長谷川浩（２０１９）「有機食材で農薬をデトックスできる」『土と健康』８・９月合併号（№４９２）、10–13頁
Ichikawa, G. *et al.*（2019）LC-ESI/MS/MS analysis of neonicotinoids in urine of very low birth weight infants at birth, PLoS One. 2019; 14(7): e0219208.
DOI: 10.1371/journal.pone.0219208
Nimao, C. *et al.*（2022）Assessment of ameliorative effects of organic dietary interventions on neonicotinoid exposure rates in a Japanese population, Environment International, Apr;162:107169
DOI: 10.1016/j.envint.2022.107169
Sano, K. *et al.*（2016）In utero and lactational exposure to Acetamiprid induces abnormalities in socio-sexual and anxiety-related behaviors of male mice, Frontiers in Neuroscience, Jun 3;10:228
DOI: 10.3389/fnins.2016.00228

PART Ⅱ

全国の事例

有機給食の現在・過去・未来

こんなふうに動いている・動いてきた

現在、有機給食を実践している自治体のなかには、近年始まったところもあるし、1970年代の有機農業運動の盛り上がりから引き継がれているところもある。いずれも、地元の子どもたちに安全で生産者の「顔が見える」給食を届けたいという地域の農家や保護者の願いがあった。

歴史の新しい自治体では有機農業の経験の少ない農家がどうやって技術を習得し、供給の仕組みをつくっていったか。歴史の長い自治体では市町村合併やセンター化、民間委託化をこえて、どうやって有機給食を継続していったか。

「比較的新しいところ」6事例、「長い伝統のあるところ」4事例から学んでいく。

事例1　長野県松川町

ゼロからのスタート　松川町ゆうき給食とどけ隊

明確なビジョンがなくても、学びながら、できるところから始めていけば

宮島公香（松川町産業観光課）＋松川町ゆうき給食とどけ隊

松川町では2022年現在、有機米、有機野菜を学校給食に取り入れ始めてから3年が経過しようとしています。はじめから学校給食に有機食材を取り入れたいと考えていたわけではありません。数々の勉強会に参加するなか、自分たちが食べるものを選びたい、子どもたちへ安全・安心でおいしい食べものを届けたいといった思いが生まれ、活動が始まりました。ここでは、この間、どのような方々のネットワークが生まれ、思いがつながっていったか、農業委員会事務局の立場から振り返ってみます。

一人一坪農園推進のために講演会と野菜づくり体験番組を

2019年3月、松川町農業委員会の6名と事務局2名が車で3時間をかけ、有機農業の先進的な取り組みをしている野口種苗研究所（埼玉県飯能市）を訪問しました。この訪問で4月13日に開催する「食と農地を守る講演会〜健康でおいしい野菜をつくる〜」の講師として、研究所長の野口勲さんに依頼しました。4

時間にわたる講演会を実施できるならと回答いただき、それまで町の講演会といえば1時間半から2時間がふつうだったのですが、このときは野口さんのお話が聞きたい一心で、ご提案通り4時間コースをお願いしました。

この年、松川町農業委員会では遊休農地対策についての話し合いが行なわれ、「遊休農地を活用した一人一坪農園を推奨しよう」と取り組みを始めました。その第一歩として企画したのが、『タネが危ない』(日経BPM)の著者野口さんの講演会と、松川町のケーブルテレビの野菜づくり指南番組でした。

野口さんの講演会には、託児を準備し、4時間の講演会中、休憩時間を設けなかったものの、出入り自由にしたところがよかったのか、若いお母さん方にも大勢参加いただきました。

また、町内だけでなく、町外、県外からの参加者も多く、その方々が町の農業に刺激を与えてくださいました。たとえば、「子どもの食・農を守る会伊那谷」代表の関島百合さんは、その後、長野県有機農業プラットフォーム推進担当の吉田太郎さんをご紹介くださり、勉強会や講演会に誘っていただきました。

ケーブルテレビでの野菜づくり指南番組の講師には、その後「ゆうき給食とどけ隊」のメンバーとなる有機農家の牛久保二三男さんと、科学的に野菜づくりを説明される米山修さんを講師にお願いしました。2019年4月から、NHKの趣味の園芸「野菜の時間」に負けじと、月1回の番組「DO遊農?」が始まりました。

番組の設定は、町内に住む子育て世代のママ二人に野菜づくりを体験してもらうというもの。月1回の収録・放送のため、手をあまりかけずに栽培できる品目を選び、ジャガイモ、ニンジン、カブ、枝豆、落花生、里芋、大根、白菜などを育てました。収穫のさいにはお子さんたちにも参加してもらいました。穫れたての枝豆をその場でゆでて食べたときには、あまりのおいしさに、エンディングになっても子どもたちが枝豆から離れない、といった具合でした。

番組の出演者のみなさんで打ち合わせを行なうな

か、家庭菜園でつくるものは家族の体に入れるものだから、なるべく化学肥料や農薬を使わずにつくりたいという話が出ました。私たちも勉強会や、講演会に参加するなかで、子どもたちが食べる給食は有機のものがよいといった話を聞くことも多くなり、遊休農地の活用を、家庭菜園からもう少し枠を大きくして、学校給食に提供する野菜の栽培につなげるにはどうしたらよいかを考えるようになりました。面積を広くしたほうが、それだけ効果的な遊休農地の解消にもつながります。

生産者向けに実証圃場での研修会と土壌微生物の検査を

2019年8月、東京で開催された農林水産省主催の有機農業自治体間ネットワーク構築に向けた第1回交流セミナーに参加しました。そこで、千葉県いすみ市の有機米100％給食の取り組みをお聞きし、10月に農業委員9名、事務局2名で視察しました。

いすみ市の給食は、米は100％有機米を提供しているが、野菜はまだこれから。化学肥料なし、農薬なしで、初めて米の栽培に取り組んださいには散々な結果で、これではダメだと、栃木県にあるNPO法人「民間稲作研究所」の稲葉光國さんに師事し、研修会を始めたとのことでした。このお話をうかがって、松川町でも始めるなら、圃場での研修会から始めないといけないし、必要な資材や機械、搬入や学校とのやり取り、予算など、有機給食の取り組みを始めるための山盛りの課題が浮かびあがりました。

当時、松川町には農林水産省からの交換職員の安部日向子さんがおり、2020年度、国の「オーガニックビジネス実践拠点づくり事業」を使えるんじゃないかとアドバイスいただき、申請に必要な事業計画を検討していきました。

メインとなった事業は実証圃場での研修会。長野県内の有機稲作の指導者として、吉田太郎さんから、公益財団法人「自然農法国際研究開発センター」（松本市）の三木孝昭さんを紹介いただきました。センターでは岩石真嗣理事長と三木さんに応対いただき、こちらは有機も慣行もよくわからない素人でしたが、丁寧に話をしてくださいました。三木さんは稲作のスペシャリストと聞いていましたが、野菜もできますよとおっしゃったので、研修会の内容全体をおまかせすることになりました。

2020年度の事業計画は、生産者向けには実証圃場での研修会と土壌微生物の検査ができるSOFIX農研機構の土壌診断の講演会、一般消費者と家庭菜園向けとして「DO遊農?・」の番組放送と菌ちゃん先生こと吉田俊道さん（長崎県）の講演会、そして前年に引き続き、野口さんに講演いただこうと計画しました。松川町はくだものの里です。前年度、野口さんの講演会を開催したさいには多くの方にお集まりいただきましたが、町内の農家はわずかでした。その理由の一つとして果樹の農繁期と重なってしまったことがあったので、再度計画し、お話を聞いていただこうと考えました。

国の「オーガニックビジネス実践拠点づくり事業」を活用したいと考えていましたがハードルが高く、この年、活用した支援金は、長野県の「元気づくり支援金事業」です。前年度も活用しましたが、さらなるパワーアップ事業として申請したところ、採択されました。2019年から2021年までの3年間、こちらの支援金で事業を進めることができました。

有機給食に向けてつながる生産者の輪

実証圃場で栽培した作物は学校給食へ提供しよう、と当初から検討していました。これまでも松川町では、学校栄養士と教育委員会職員、農業振興係とが一堂に会して、年に数回打合せを行なっていました。また、米の地産地消補助金を実施していましたので、町の職員と学校栄養士が話し合いをする機会が何度もありました。さらに、小学校の栄養士が町の職員となり、話し合いがしやすい環境も整いました。給食に提供するために、実証圃場に何を栽培したらよいかといった打ち合せも、事前に行なうことができました。

松川町としてもこの頃、有機食材を学校給食で使うために、補助金を拡大していく決断をしました。松川町には果樹農家が多く、「有機」を全面的に町が打ち出すことにより、慣行農業をやっている農家からの反発も考えられましたが、そんな地域だからこそ、「勇気」を持って取り組む必要があると考え、進めることとしました。

写真１　「ゆうき給食とどけ隊」のオリジナルステッカー

2020年2月には信州オーガニック議員連盟準備会の勉強会に参加。その席で愛媛県今治市の安井孝さんの講演をお聞きし、食育を行なうことで子どもたちに食の大切さを伝え、それが将来の生きる知恵になるのだと感じることができました。

春から行なわれる実証圃場に向けて、「遊休農地、または遊休化のおそれのある農地を利用し、学校給食に提供する野菜や米の栽培をしてくれる」方を、町の有線放送等で呼びかけました。

研修生には「DO遊農?」の講師牛久保さんのほか、増野地区の人・農地プランで話し合いを進めた際に出来上がったグループ、「楽しみまし農」の北沢ひろみさん、部奈地区の人・農地プランのさいに参加してくれた㈱信州農園の多田英樹さん、果樹栽培にも有機の土づくりを実践されている寺澤茂春さん、それに稲作農家の久保田純治郎さんの5名が手を挙げてくださいました。「ゆうき給食とどけ隊」（以下、「とどけ隊」）の結成です。

久保田さんと出会ったのは2019年8月、有機農業の長野県のプラットフォームのキックオフイベント（佐久市）、偶然、席が隣り合わせとなりました。県内とはいえ、松川町から佐久までは車で2時間以上かかり、飯田下伊那からの参加者はわずかでした。そんななかで出会い、「松川町でも来年から取り組みたいので、ぜひ実証圃場での研修生として、グループに入ってほしい」とお話しすることができたのは、ほんとに奇跡でした。

写真2　久保田純治郎さんの実証圃場で育苗中の苗を「とどけ隊」のメンバーが見学　撮影：尾﨑たまき

さあ、始めるぞと意気込んでいるところ、新型コロナウイルス感染症がまん延してきます。学校は閉鎖になり、各種講演会等は中止、職場もテレワークやシフト勤務など、一緒にいることが禁止されます。しかし、植物の成長を止めることができないように、この実証圃場の研修会を中止するわけにはいきません。それよりもコロナ禍だからこそ大切な活動と思い、計画通り進めていきました。

給食に提供する5品目にしぼって研修を

「自然農法国際研究開発センター」からは、講師に岩石さん、三木さん、榊原健太朗さんの3名にお越しいただき、松川町の実証圃場での研修会がスタートしました。農業は土を育てることが成功の秘訣と教えていただき、まずは今の畑の状態を確認するところから始まりました。次に、学校に提供する食材としてお米、ジャガイモ、ニンジン、タマネギ、長ネギの5品目を選定し、栽培しながら土づくりを学ぶといったように研修は進められました。

一番最初に植えたジャガイモやニンジンは土づくりが間に合わず、通常のやり方でしたが、センターの皆さんはこちらのやり方を尊重してくれます。そして、虫の被害や、草の被害といった相談のさいにも、「こうしなさい」と押し付けるのではなく、「こんな方法がありますけどどうですか」と教えてくれるのです。田んぼでは、見たことのない高速走行のトラクターで代かきが行なわれ驚きました。土を平たんにするために、速く走ることで、土が寄せられるという理由を聞き、はてなと答えが波のように襲ってきて、わからないなりにも楽しく研修を進めることができました。

タマネギは定植が11月なので、緑肥を使った土づくりから開始しました。ソルゴーやクロタラリアを播いて緑肥にしたのですが、同じ植物を長ネギやジャガイモ畑ではインセクタリープランツ（害虫を食べてくれる天敵を住まわせるための植物）として使います。役割分担がはっきりしておらず〝ごちゃごちゃ〟っとしていて、とても一個のマニュアルに収まるようなものではありませんでした。とても複雑で、そういったことに脳を使っていくのが難しく、でもそれが面白く感

写真３　ネギの実証圃場の様子。ネギの左にソルゴー、右にマリーゴールドが植えてある。そこに集まるアブラムシを目当てに、天敵のヒラタアブなどが集まる　提供：寺澤茂春

じました。インセクタリープランツを利用することにより、益虫やカエルなどが寄ってきて害虫となる虫をよく食べてくれる、といった現象も感じることができました。

２０２０年7月、実証圃場で栽培、収穫されたものから順に、「とどけ隊」による学校給食へ提供が始まりました。松川町では小学校2校、中学校1校の３校で、自校形式で調理され、合わせて約１０００食の給食が毎日提供されています。学校ごとに献立も違いますが、発注に合わせて「とどけ隊」のメンバーが食材を直売所に納品し、直売所から各学校へ配送してくれています。１カ月に1度は「とどけ隊」メンバー、学校栄養士、搬入業者、町が一緒になって打ち合せを行ない、農産物の成長の様子や、学校の献立や子どもたちの反応を聞いたり、搬入のさいの注意点や価格について話し合ったりしています。

たまには、「こんな野菜ができるけど、来月の献立にどう?」と生産者が給食室へ直接出向き、栄養士さんとコミュニケーションをとっていたりもします。

２０２０年には「松川町ゆうきの里を育てよう連絡協議会」も立ち上がり、

・町の将来を担う子どもたちに、おいしくて健康な野菜を食べてもらいたい
・心身共に健康な人を増やし、次世代の農業を牽引していく
・自分が食べて人に食べさせたくなる野菜生産を極め、地域の魅力を高めましょう

とうたっています。

有機給食から生物多様性への学びも生まれる

２０２０、２０２１年と継続して2年間、実証圃場での研修会を行ない、学校給食へ提供できる野菜やお米を増やしてきました。「とどけ隊」に参加する生産者も5名から7名に増えました。５品目での実証圃場からの提供率も２０２０年度は10%に満たなかったものが、２０２１年度には21%まで増えました。当初の

計画では50%を目指しており、今後増やしていければと考えています。5品目以外にも、根菜類なども提供しています。

2021年度事業としては、一般消費者向けに2020年度から行なっている菌ちゃん先生こと吉田俊道さんの講演会に加えて、映画「いただきます～発酵の楽園～」の上映会を行ないました。長崎県佐世保市に住む菌ちゃん先生には松川町へ何回も足を運んでいただき、講演会のほかに体験圃場での菌ちゃん畑のつくり方を教えていただきました。講演で吉田さんは、微生物を通じて土とつながった野菜はとっても元気に育ち、味も良いとおっしゃり、有機農業を進めるうえで、ストンと腑に落ちるとてもわかりやすいお話でした。

2022年度は、実際に実証圃場を始めてから3年めに突入します。国では「みどりの食料システム戦略」により、有機農業や環境保全型の農業への支援を数多く打ち出しています。松川町でも、「有機農業産地づくり支援金」を活用し、多くの方に有機農業に取り組んでいただけるよう、指導者研修会や、環境調査、販売促進の取り組みなどを行なっています。環境調査では、有機栽培の圃場と慣行栽培の圃場の生き物の違いなどを見ています。これには小学生も参加しました。食べ物で健康をと考えていた取り組みですが、生物多様性についても学ぶ機会となっています。

地域が必要とする農地を守るため、身土不二の考えのもと、住民一人ひとりのかかわりが大切だと、遊休農地対策として始めた事業でしたが、人と人がつながることにより、有機栽培へつながり、学校給食へつながり、生物多様性へと発展していきました。今後もこの活動を通じ人の輪や地域の輪がどんどんつながり、広がっていくことを期待したいと思います。

事例2　千葉県いすみ市

学校給食の地場産有機米100％を達成した過程とこれから

手塚幸夫（房総野生生物研究所・いすみ市自然と共生する里づくり連絡協議会環境部会）

２０１８年、千葉県いすみ市は学校給食の有機米１００％を達成し、さらに有機野菜の導入もスタートさせた。そして、同年7月に開催された「生物の多様性を育む農業国際会議２０１８　ｉｎ　いすみ」と合わせて、いすみ市の取り組みは全国から注目を浴びることになった。

２０１３年からわずか5年で有機米の生産量が50ｔを超え、学校給食の全量を提供できるようになった要因はどこにあったのだろうか。

立役者は間違いなく次の二人、太田洋いすみ市長（以下、市長）と鮫田晋農林課主査（以下、鮫田）である。

本稿では、二人が果たした役割とともに、有機農業の推進と重ね合わせて進められてきた生物多様性保全の取り組みの意味と意義について考えてみたい。

なお、筆者は、千葉県およびいすみ市の生物多様性戦略の策定にかかわり、その後「いすみ市自然と共生する里づくり連絡協議会」（以下、里づくり協議会）の環境部会長として、さらに２０１７年から2年間は期限付き任用職員（農林課配属）としていすみ市の有機農業の推進にかかわってきている。

自然と共生する里づくり連絡協議会

2008年に策定された「生物多様性ちば県戦略」を受けていすみ市は「夷隅《いすみ》川流域における生物多様性保全再生事業」（環境省）を展開する。その2年後には「南関東エコロジカルネットワーク形成に関する検討委員会」（国交省）に参加し、コウノトリ・トキの舞う地域づくりを目指して動き始める。この過程で市長が提示したのが「有機稲作へのチャレンジ」と「環境と経済の両立」であった。このような市長のひらめきと決断が第一の要因であろう。その後の「学校給食への有機米導入」（2015年）、「生物の多様性を育む農業国際会議の開催」（2018年）などの英断は、すべてこの延長線上にあるからだ。

環境と経済の両立の提案については、前述の環境省の事業で環境団体を中心に組織された「夷隅川流域生物多様性保全再生協議会」を解体せず、農業団体を加えた環境と農業の2部会構成で再編された里づくり協議会が大きな役割を果たすことになった。

市長の決断を受けて具体的な事業を企画し実行に移したのが二人目のキーパーソン鮫田である。2013年に里づくり協議会を担当して以降、指導者の招聘から研修会の開催、資材の調達、学校給食に導入するための仕組みづくり、予算の確保、さらには販路開拓まですべてをほぼ一人で担ってきている。これらの事業を展開していく上でのポイントはいくつかあったと思われるが、重要なものは以下の4つであろう。

取り組みを支えた4つのポイント

第1のポイントは、里づくり協議会の環境部会（正式名称は自然環境保全・生物多様性連絡部会）と農業部会（正式名称は、環境保全型農業連絡部会）とを並列に置き、生物多様性の保全と有機農業の推進とを同時に進めてきたことである。

栽培技術と同時に、生物の力を活用した自然と共生する農業という視点を共有することは重要である。シンポジウムなどをとおして総合的生物多様性管理（IBM）の考え方を広報し、諸調査や生きもの観察会などをとおして子どもたちや都市住民との交流を進めることは環境部会の役割である。とりわけ「いすみ生物多様性戦略」（2015年）の策定や「生物の多様性を育む農業国際会議」の開催にさいしてこの部会が果たした役割は大きい。

2つ目のポイントは、里づくり協議会の農業部会の構成である。

農業部会については、慣行栽培をしている米農家に参加を呼び掛けている。慣行栽培農家に有機栽培への転換を求めたのである。そのうえで、将来的に中核を担うであろう営農組合や米づくりの匠と呼ばれる人たちが成功事例をもたらすように力を注いでいる。

一方、有機農業に憧れる就農希望者や、自給型の自然栽培をしている人たちには農業部会ではなく環境部会への参画を推奨している。もし自給型の生産者を中心に農業部会を構成していたら故稲葉光國氏（民間稲作研究所）の招聘はなかったであろうし、学校給食の全量有機米供給の達成はできなかったであろう。

3点目は、販路と価格を保障したことである。

行政が栽培指導から資材の購入まで直接かかわるとともに、JAいすみの協力を取り付けることで全量買取りと価格を保障したことは大きい。その結果、有機栽培されたお米の大部分がJAに集約されることになった。さらに、学校給食での使用が決まったさいに給食センターへの供給体制がスムーズに確立されたのはこの仕組みがあったからであろう。

4点目は教育ファームである。

筆者は、2013年から10年間、里づくり協議会を中心に鮫田と一緒に活動する機会が多くあった。この間に二度、鮫田の発言に驚かされている。最初は2014年「有機農業を推進していくためには生物多様性戦略が必要です、策定しましょう」と語った時、二度目は「有機稲作体験を軸にすえた授業をやりたい、食育や環境教育を併せた内容で企画しましょう」とい

写真１　教育ファームでの田植え

う思いを語ったときである。

20年ほど前から農業体験と環境学習を併せたカリキュラムづくりを提案し、同時に実現の難しさを人一倍感じていた筆者にとって「企画しましょう」という声掛けがあるとは全く予想していなかった。案の定、鮫田の動きは早かった。間もなく鮫田が農業体験と食育を、筆者が環境・生物多様性教育を担当するという形で、農業体験～環境教育～食育を一体的に学ぶプログラム「教育ファーム」がスタートしている（写真１）。２０１６年の春のことである。

ちなみに、教育ファームは、有機稲作を体験し理解することがテーマではあるが、同時に、里山で営まれてきた「伝統的な農業と暮らしと生物多様性」「農林地の自然管理の手法」「地産地消と食料自給率」などについても学ぶ総合学習になっている。

すべてがつながっていた

生物多様性ちば県戦略を下敷きにして策定されたいすみ生物多様性戦略は、農林漁業、暮らしと地域経済、環境や貴重種の保全などにかかわる諸課題を一体的にとらえ、持続可能な地域づくりに取り組むための基本方針となっている。

学校給食の有機化と連動している教育ファームは、里山の自然と生物について学ぶとともに、農林業が培ってきた自然管理の技術や文化的な価値を継承していくための学びを提供している。

さらに、農業者と環境活動にかかわる人たちが、有機農業は生物の多様性を育むが、同時に生物多様性（総合的生物多様性管理）によって有機農業が支えられているという関係を理解し、それぞれに思いを重ね合わせながら協力し合うようになってきている。

一つひとつが偶然の出来事のように感じられていたが、改めて振り返ってみるとすべてがつながっている必然であったように思えてくるから不思議である。

丁寧な暮らし、持続可能な暮らし

今、学校給食でいすみ市産の有機米・有機野菜を食べて育つ子どもたちは、「みどりの食料システム戦略」（農林水産省）の目標達成年の２０５０年には小中学生の保護者の世代になっている。

愛媛県今治市では、地場産で可能な限り有機農産品を使用してつくられた給食が提供され、そのうえで食育の授業も展開されている。そうして育ってきた子どもたちは、大人になったときに地域の農産品を買い支えていく消費者として成長していくそうである。

学校給食の有機化にいろいろな形でかかわっていくなかで、子どもたちが給食で食べている有機農産品が気軽に買えるお店が必要だと感じるようになった。そして、２０２０年12月にオーガニック専門店「いすみ

写真２　「いすみや」の店内

や」をオープンさせた（写真2）。販売するのは学校給食の有機米と同じ圃場、同じ栽培暦の米、学校給食に提供されている有機野菜、さらに有機あるいは無添加の食品や日用品などである。

有機農産品を生産したり販売したりすることは単に食の安全を提供することにとどまらない。自然や生物たちとの共生を考えることや丁寧な暮らしを共有することに結びつき、持続可能で成熟した社会づくりを目指す取り組みへとつながっていくはずである。

いすみ市の豊かな自然とここで営まれてきた農林漁業はこの地域にとって大切な財産である。そのことを理解して活用していく権利は次の世代を担う子どもたちに委ねられている。

事例3　東京都武蔵野市

素性がわかる学校給食を地域に広げる

小口広太（千葉商科大学人間社会学部准教授）

東京都武蔵野市は、都のほぼ中央、多摩地域の東部に位置している。学校給食は、単独校方式4校（第五小学校、境南小学校、桜野小学校、本宿小学校）、親子方式1校（本宿小学校から第三小学校へ配送）、共同調理場が2つあり、桜堤調理場が中学校6校、小学校2校、北町調理場が小学校5校に給食を供給している（注1）。その特徴は、安全性への配慮、季節感のある旬の食材選定、生産者とのつながり重視、手づくり調理、食文化を伝える和食献立などである。

特色ある学校給食が広がった三つの要因

このような学校給食の広がりには、三つの契機があった。①1978年から先駆的に取り組まれた境南小学校における有機給食、②学校給食の合理化を背景に1980年代半ばから取り組まれたこだわり給食、③2010年に設立された一般財団法人武蔵野市給食・食育振興財団（以下、「振興財団」）によるこだわり給食の地域全体への広がりである。

境南小学校では、保護者が活動していた消費者グループ「かかしの会」が埼玉県比企郡小川町を中心に、全国の生産者から有機農産物を調達し、その過程で市内の農家との提携も進んだ。理解ある栄養士との連携によって実現し、保護者が野菜の泥を洗う、選別するなど献身的な姿勢に支えられていた(注2)。

1985年1月、文部科学省から「学校給食業務の運営の合理化通知」が出された。それにともない「パートタイム職員の活用」「自校方式から共同調理場(センター)方式」「民間委託」へと舵が切られ、学校給食を支える現場は岐路に立たされ、生産者、調理場、学校のつながりの希薄化も進んだ。

武蔵野市では、子どもたちの食を支える学校給食をどのようにしたらいいのか何度も検討を重ねた。一例として、当時の栄養士、調理員が米の生産者を訪ね、有機栽培などの生産方法だけではなく、地域の環境も見て決めたという。現在も使用する食材は、栄養士が安全な産地を求めて「現場主導」で食材を調達している。地場産=市内産野菜の使用を始めたのも1985年頃からである。こうして徐々に、地場産・安全・こだわりの学校給食への取り組みが地域に広がっていった。

2005年10月、中学校給食の実施を公約に掲げた市長が就任した。給食の供給数が増加することから、これを機に学校給食のあり方について議論が始まり、2006年7月から2010年3月にかけて具体的な検討がされた(注3)。そのポイントは、これまでの取り組みを継続していくこと、より現場に密着した給食事業の運営を行なうことである。

さまざまな学校給食の運営方法が検討された結果、2010年3月に振興財団が設立された。民間委託ではない「財団方式」という選択である。これは市が出資して設立する非営利法人であり、これまでの給食の特色を継承していくことが可能である(田中、2020、p63)。市は、給食事業全体を振興財団に業務委託している。

振興財団が目指す方向は、以下のとおりである(佐々木、2015、p118)。

①文部科学省の「合理化」ではなく「給食と食育の充実」を優先する。

②「民間委託」でなくて「市民と距離のない給食運営」を目指す。

③給食と同じように「食育の充実」を目標に掲げる。

④役員は食の専門家、調理員は有資格者の給食専門グループとして組織化をする。

⑤農家とともに歩む地場産利用の給食と農業と協力した食育を推進する。

食材をどのように選定し、調達しているか

続いて、振興財団による学校給食の取り組みについて見ていく。振興財団が設立されたことにより、市全体で学校給食の質を高める体制が整った。そして、方向性を共有するにあたり、「献立作成」「食材選定」「給食調理」「安全性の確保」という四つの指針を打ち出し、子どもの健康を重視した安全・安心な給食の提供、顔が見える生産者とのつながりなどを継承している(注4)。

食材はこの指針にある基準にもとづき、安全に配慮したものを選定し、調理場ごとに契約、調達する。国産品を中心に安全性を最優先し、有機栽培(有機JAS認証)や特別栽培を優先的に使用する。それらのなかには、栄養士が現地に行って生産状況を確認しているものもある。

表1は、おもな食材の選定基準である。顔が見える関係を築くという点が共通する。米飯給食は週3回以上実施しているが、米は市内で生産されていないため、新潟県、山形県、長野県など地方の生産者から有機栽培、無農薬栽培、減農薬栽培のものを調達している。

野菜は地場産を重視し、米以外にも地方の生産者と顔が見える関係を築いている。たとえば、境南小学校時代から有機栽培の米、野菜、果樹を出荷している山形県高畠町の農家とは今も関係が続いているという。

栄養士が自ら選んだ食材をいかす給食調理のこだわ

表１　おもな食材の選定基準

食材	内容
米	指定生産者から購入、有機栽培、無農薬栽培、特別栽培を優先
パン	国産小麦
野菜	市内産を優先、それ以外は国内産、有機栽培、特別栽培を優先
調味料	味噌や醤油は国産の原料を使用、保存料や着色料など無添加
卵	非遺伝子組み換え飼料、抗生物質不投与、安全に育てた国産鶏の卵
牛乳	65℃で30分殺菌する低温殺菌牛乳

資料：一般財団法人武蔵野市給食・食育振興財団提供資料などより筆者作成

りは、素材の味を大切にする手づくりにある。肉、魚、野菜などの生鮮食品は当日納品を受け、調理を行なう。調理品や半調理品は極力使用せず、ハンバーグ、コロッケ、カレールー、ホワイトルー、いちごジャムなども素材から手づくりする。うまみ調味料は一切使用せず、かつお節、昆布、鶏・豚ガラなどで丁寧に出汁を取る。

給食の安全性は、食品添加物や遺伝子組み換えの原材料の不使用、前述のように素材から調理することで確保できる。給食で使用する食材の一部は、市独自で残留農薬検査、食品添加物検査、遺伝子組み換え食品検査を実施している。また、北町調理場には放射性物質測定器を設置し、食品のほか、調理済みの給食についても検査をしている。

地元ＪＡと連携して地場産野菜を使用

特に重視しているのは、地場産野菜の使用である。当初は農家と直接取引をしていたが、中学校給食の開始にともない数量が不足することから、2010年にJA東京むさし内に「武蔵野市学校給食部会」を立ち上げた。2022年時点で、13戸の農家が出荷し、集荷した野菜は、JAが各調理場に運んでいる。振興財団が設立されて以降、JAとの連携により、地域の生産者と学校給食を面的につなぐ仕組みをつくり上げた。

学校給食で使用するおもな野菜は、ダイコン、ホウレンソウ、コマツナ、ニンジン、ハクサイ、長ネギ、キャベツ、トウモロコシ、ウドなどである。たとえば、トウモロコシは鮮度の良い朝採れがおいしく、面倒な皮むきを調理員が丁寧に行なっているという。

2020年度は地場産が約19%、特別栽培が約76%、その他が約5%であった（重量ベース）。地場産の割合は毎年20〜30%を推移しており、隣接地域と比べて農地が少ないことを考えると、その割合の高さは地域農業との結びつきの強さを示している。特別栽培のなかに有機栽培も含まれ、これらは業者から仕入れている。地場産の場合、有機栽培や特別栽培は求めていない。あくまで重視するのは地場産である。

栄養士・調理員と農家の交流と食育へのかかわり

武蔵野市学校給食部会と栄養士は、年2回（毎年2月と7月）、作付状況と献立のすり合わせ、これからの取り組みなどについて意見交換会を実施している。安全な食材を提供するために話し合っているという。また、栄養士と調理員は直接畑に出向いて農家と交流も行なっている。13戸の農家すべてに、栄養士と調理員は毎年必ず1回訪問する。以前は個別で行っていたが、振興財団が設立されて以降、全員参加の形式になった。これが地場産野菜を使用する大切さや重要性を認識する貴重な場になっている。以前と比べると、調理員の食材や調理への共通理解が深まったという。

食育については、栄養士や調理員のクラス訪問、行事食の提供（ひな祭り、こどもの日、七夕、十五夜）など給食をつうじた取り組みに加え、表2のように生

表2　振興財団が取り組む食育事業の広がり

名称	内容
むさしの給食・食育フェスタ	2012年度から開催。体験型プログラム、給食の試食、給食食材や地場産野菜の販売を行なう。2020年度から市の健康課主催の事業となったが、振興財団も引き続き関与している。
小学校給食体験講座	小学校入学前の保護者を対象に、調理実演と試食を実施。家庭の食卓でできるレシピも紹介する。
子どもの調理実習	給食施設での調理実習。小学校が対象で、年1回実施。調理場の大きな器具を使用し、料理づくりに挑戦する。
出張！放課後調理実習	放課後、調理員が市立中学校に出張して行なう調理実習。調理への興味・関心、調理の基本を習得する。
夏休みコミュニティ食堂	コミュニティセンターや児童館との共催で、食を介した交流の場づくり。子どもたちの孤食を防ぎ、みんなで食べる楽しさを伝える。夏休みに低下しがちな子どもたちの栄養面もサポートする。

資料：一般財団法人武蔵野市給食・食育振興財団提供資料などより筆者作成

徒や保護者、地域に向けても学校給食の社会的意義を発信している。

＊

以上のように、武蔵野市の学校給食は、境南小学校の取り組みがルーツにあり、その「エッセンス」が学校給食の合理化通知を背景に広がり、振興財団の設立によって地域全体に根付いている。そのエッセンスとは、「素性がわかる」ことと、「顔が見える・地場産・安全」へのこだわりであり、成長期の子どもたちに安全でおいしい食の提供を一番に考えてきた結果、今の武蔵野市の給食となった。

（注1）武蔵野市ホームページ（http://www.city.musashino.lg.jp/kurashi_guide/sho_chugakko/shougakko_kyushoku/1007035.html）最終閲覧日：2022年4月18日

（注2）境南小学校の取り組みについては、菅（1982）、山田（1987）を参照されたい。

（注3）振興財団設立の背景と経緯については、佐々木（2015）を参照されたい。

（注４）振興財団の取り組み内容については、２０２２年４月13日に実施した担当者へのヒアリング、振興財団が発行している「武蔵野市学校給食事業概要：給食・食育事業により地域に貢献し子どもたちの健やかな成長を支えます」「武蔵野市給食のあれこれ」などの提供資料、「市報むさしの　No.２１３９　学校給食特集号」にもとづいている。

引用・参考文献

佐々木輝雄（２０１５）『学校給食の役割と課題を内側から明かす―全国初の「給食・食育振興財団」（東京都武蔵野市）の紹介も』筑波書房

菅伸太郎（１９８２）「有機農産物による学校給食―武蔵野市・境南小学校の場合」『協同組合経営研究月報』340、pp.29-34

田中浩子（２０２０）「学校給食の質を高める10年の奇跡　東京都武蔵野市」『農業と経済』Vol.86　No.8、昭和堂、pp.60-65

山田征（１９８７）『ただの主婦にできたこと』現代書館

事例4　岐阜県白川町

有機農家の思いをきっかけに、ボトムアップで有機給食が広がる

吉野隆子（オーガニックファーマーズ名古屋代表）

地産地消をベースに広がる

このところ、有機給食をトップダウンで進める自治体が注目されるようになってきた。行政の首長が公約に掲げることで、有機給食が実現する可能性は高まる。だが、ボトムアップで実現する事例も現れている。2019年3月に農家が栄養士に声をかけて有機給食に踏み出し、2021年10月から月1回の「有機米の日」を実現した岐阜県白川町もそのひとつだ。

白川町には近年、移住者が増えている。有機での就農を目的に移住した人も多い。彼らに共通する願いは、「自分が栽培した野菜や米を、学校給食として子どもたちに食べてほしい」ということだった。しかし、「どうしたら始めることができるのか。それが、わからなかった」のだという。

「千空《ちそら》農園」の長谷川《はせがわ》泰幸《やすゆき》さんもそのひとり。2014年に家族とともに横浜市から白川町に移住・就農した。子どもたちがお世話になった横浜の幼稚園に農産

物を届けてきたが、４人の子どもが食べている白川町の給食にも、自分が栽培した米や野菜を使ってもらえたらと希望しており、「どうやったら、給食センターと仲良くなれるんやろ」と思っていたという。

長谷川さんは２０１８年に、町内のＰＴＡ会長の集まりである連合会会長になった。２０１９年３月に会議に同席していた給食センターの栄養教諭、都竹《つづく》理都《りつ》子《こ》に、「給食に有機の米や野菜を納入できないでしょうか」と話しかけたことがきっかけとなった。

白川町の給食は長年「地産地消」が柱となっていたおかげで、町内の米や野菜を活用する下地ができていたことも力となった。４月の黒米に始まり、スナップえんどう・ズッキーニ・里いもと続き、翌年の３月には米の納入を開始、２０２１年10月には「有機米の日」が月１回になった。有機米の日には毎回、農家が学校に出向いて米づくりや生物多様性の大切さを伝えている。

大切なのは「仕組み化」

初動は個人の取り組みからだったが、長谷川さんは「長く続けられる仕組みにすること――『仕組み化』とでもいうようなことが大事」だと考えてきた。まず、２０２１年10月から町内の有機農家グループ「ゆうきハートネット」のメンバーが、持ち回りで納入する形に移行した。

給食センターとの関係性についても仕組みになっていないと、栄養士や調理師が異動したら終わりになってしまう。「一方的に負担を押し付けるとたぶん続かない。僕ら農家は、調理しやすい形状・品質といった味以外の部分でも努力が必要です」と長谷川さんは力を込める。

ＪＡなどへの出荷時の規格とは違い、給食に納入する野菜の規格は、調理に使う電動スライサーにかけることができるサイズの範囲内であることが求められる。小さ過ぎても大き過ぎても、手作業が必要となってしまう。それをできるだけ避けたい。

都竹さんは、「毎日ニンジンを使いますが、有機のニンジンを使うのは週に1回か2回。市場で仕入れているものより小さくて手がかかるので、メニューの下処理が煩雑な日ではなく、余裕がある日に使わせてもらっています」と説明する。また、従来1玉250グラム以上としていたタマネギの基準を200グラム以上とするなど、農家の状況を理解しつつ対応を考えていることが伝わってくる。

長谷川さんは、「可能な限り、スライサーのサイズに合わせてつくっていくのが農家の課題だと思っています」と口にし、実行している。調理員らは最近の長谷川さんのニンジンを、「大きくなったね」と評価しているという。

米についても課題はあった。米が変わると、炊飯に使う水の量も炊飯時間も違ってくる。「おいしいごはんを食べてもらいたいなと思うので、計算して、調整して、記録をつけて、対応しています。今は安定して炊けるようになりました」と都竹さんはほほ笑む。機械的な対応だけでは、おいしいごはんが炊けないということだ。長谷川さんはそれを「仕組み化」と説明するが、仕組み化実現のためには、農家と給食のつくり手である栄養教諭や調理師らが互いに理解し合うことが前提になることがよくわかる。理解の上にこそ、仕組みが生まれる。

立ち上げからお世話になっていた都竹さんは2022年春に異動になったが、仕組みがある程度できていたことで、誕生間もない白川町の有機給食は滞りなく続いている。

価格差への対応の難しさ

「地元の給食に出荷したい」と望む有機農家にとって、一番大きな壁となるのが、有機を扱う店舗などへの出荷価格と、慣行栽培を前提とした給食への出荷価格との価格差だろう。

白川町は人口約7500人の中山間地域。給食を実施しているのは小学校4校・中学校3校・保育園5園で1日約660食。2021年度の下期の差額は約20万円に及んだ。この差額を有機農家が背負う前提では、継続は望めない。

ゆうきハートネットは愛知県内に4店舗を運営する「旬楽膳」というナチュラルフードスーパーと、消費者の農業体験の受け入れや農産物の出荷を通じて数年来お付き合いしてきた。旬楽膳を経営する株式会社カネスエの牛田彰会長は有機給食への出荷が始まったものの、農家が価格差に苦慮していると聞き、何とか支援したいと私財から白川町にふるさと納税し、その一部を差額補助に使えるように使途を決めた納税をした。「有機だけを特別扱いできない」としていた町も、牛田会長の思いをくみ、補正予算で上乗せした。町が公式に動いてくれたとき、長谷川さんはうれしくて涙が出そうだったという。

2022年度については2021年度の下期のふるさと納税の残額に加えて町が補助をつけ、乗り切ることができた。

野菜は2022年から市場価格が上がって有機との差額が少なくなっているため、2022年度は差額の補填額を抑えることができた。米については慣行価格の2倍程度という状況が変わっていないため、補填が必要となっている。

「今はありがたいことに、牛田会長が足長おじさんをやってくださっています。でも、今後のことを考えておかないと。どういう仕組みがいいのかは、まだ答えがないのですが」

地域の慣行農家との連携も大切に

給食センターの清水英利《ひでとし》センター長は、「有機以外の地元農家にも野菜を出荷していただいていますが、町内の農家が高齢化してきて、今後は若い有機農家が中心になっていくのではと思っています」と期待を寄せる。

若いといっても40代後半から50代に差しかかっている彼らに、町の有機給食の展望について聞くうち、彼らの町内の慣行農家との向き合い方を知った。

長谷川さんとともに給食に出荷している「暮らすファームｓｕｎｐｏ」の児嶋健《こじまけん》さんは、「給食は地域が大きく関係しているので、まずは地域農業をどう運営し、どう存続させていくのかという中長期的なビジョンが必要。有機給食を一気に広げたいとは考えていない」と説く。

長谷川さんも、「僕らが地域の農業をすべて有機で担えるわけではないから、地域の慣行農家は大事にしないといけない。と思っています。今後、農業に携わる人が減っていくのは間違いないし、営農組合の方たちもかなり理解してくれるようになってきたと感じています。対立ではなく融和していきたい」と語る。

白川町では行政が有機給食を進める方針を打ち出しているわけではないが、確実に広がっている。２０２３年度は品目・回数とも増やせる見通しだという。中山間地域の小規模な給食だからこそ、実現した面もあるだろうが、地域の事情はそれぞれだから、現在、地域の給食がどのように運営されているのか実情を知ることから始めて、できることを見つけながらていねいに取り組んでいくことの大切さを教えてもらった。

「地域の農業」という基盤の上に成り立つ有機給食だから、その成功には有機農業に取り組む農家だけでなく、慣行農業を担ってきた地域の人たちとともに、互いの思いを知る機会をつくり、理解を深め合うことを大切にする彼らのような姿勢が欠かせないのだろうと感じている。

事例5　大分県臼杵市

給食をかなめにして、つながる「食のバトン」

大林千茱萸《ちぐみ》（映画作家）

いまから、大分県臼杵市で実践されている「有機給食」の話を軸に、「過去に起きたこと／現状／未来につなぐための活動」について、記そうと思います。

臼杵は「うすき」と読み、大分県の東南部に位置しています。大分県の人口約110万人に対し、臼杵市は3万4000人。醸造業や造船業など二次産業が発達した町で、江戸時代の町割りが現在も残る、美しい城下町です。

私が臼杵市に初めて赴いたのは1998年。当時の市長・後藤國利氏に町を案内いただきながら、町の歴史や文化のお話をうかがいました。臼杵には〝茶台ずし〟や〝きらすまめし〟など、特徴的な郷土料理が多数あり、食に工夫を凝らし、知恵を絞ってきた先人により独特な「食文化」が育まれています。その歴史的背景を活かし、これから臼杵市で、どこの自治体も実現していない、前例のないことが始まるというのです。この流れを撮影してほしいと後藤氏から依頼を受け、私の臼杵通いが始まります。それはのちに『100年ごはん』（2013）という映画になります。

「給食畑の野菜」の始まり

1998年当時、臼杵市の総農家数は1586人(大分農林水産統計年報より)。多くは慣行農業で、農業従事者も年々減るいっぽうでした。しかし個々にお話をうかがうと、「子どもたちにはできるだけ農薬や化学肥料に頼らない野菜を食べさせたい」という声が多く、さらには「学校給食に使う野菜を地元農産物でまかないたい。有機野菜に変えたい」という具体的な目標もありました。農家数の減少もあり、残された時間で自分たちは未来のために何ができるのか。

市の有機農業の根幹を担う生産者さんたちの意識や機運が少しずつ高まりはじめ、その機を逃さず手厚くフォロー、目的の土台づくりに走り回ったのが市の農林振興課です。

そして2000年から「給食畑の野菜」という名前で、地元の野菜を給食に取り入れる試みが始まります。時間をかけて説明会を開き徐々に賛同する生産者さんを増やす。引退した生産者さんにも耕作放棄地を利用し、再び知恵や経験を活かしてもらう。賛同した生産者さんの畑には「給食畑の野菜」という、市がこしらえた看板も立てられました。子どもたちにとっても、毎日の通学路でその看板を見ることで、自分たちが給食で食べる野菜の畑なのだという共通認識が生まれます。こうして少しずつ理解者が増え、2008年からついに無化学合成農薬・無化学肥料の野菜が本格的に給食に導入されはじめます。

草木原料主体の堆肥工場「土づくりセンター」を建設

この2008年頃には、「給食畑の野菜」と平行して行なわれていた市の取り組みとして、これまでの日本にはなかったタイプの堆肥工場「土づくりセンター」を建設する計画もすすんでいました。通常、各地で生産される堆肥は、おもに畜産糞尿主体の、産業廃棄物の副産物です。しかし臼杵市がつくるのは、子どもたちが給食で食べる野菜を育てるための、剪定枝や間伐材、出荷できない野菜など草木主体の完熟堆肥。健康な野菜をつくるために健全な土をつくる。

市内では「土づくりセンター」の実現に向け、数年をかけて実験圃場での試行錯誤を繰り返しました。そのデータの蓄積を経て、2010年、草木8割・豚糞2割を主原料とし、約90日をかけて脱臭、発酵、熟成させた完熟堆肥を製造する「土づくりセンター」が開設。堆肥は「うすき夢堆肥」と名付けられ、2011年から出荷が始まりました。その開設を機に、「給食畑の野菜」の名称は「ほんまもん農産物」に改められます。

官民が連携して「ほんまもん農産物」を活用

「土づくりセンター」は市が推進する農業の取り組みですが、この頃から、「うすき夢堆肥」を使用する生産者、有機JAS認定機関、農協、教育委員会、給食センター、地域おこし協力隊の若者たち、地元の飲食店や加工業者、消費者——と、官民が連携し、「給食」に向けて足並みを揃えていきます。

たとえば、それはこんな流れです。まず市の農林振興課が、「ほんまもん農産物」をつくる各生産者から栽培スケジュールや出荷数、出荷日などを細かくヒアリングします。同時に、有機JAS認定機関は生産者が記した詳細なデータの検証、実際の作物の状態など、品質のチェックを行ないます。栄養士や調理する給食センターもこれに連携し、報告を基に献立を決め、給食に必要な野菜のリクエストを市に提出します。一方、農協やスーパーなど市内の店舗は、市から受ける情報から出荷量の調整に応じられるよう協力します。

地元の飲食店は、積極的に「ほんまもん農産物」を料理に使うことで消費者においしさを知ってもらうよう努めます。これは県外から訪れる観光客にも効果がありました。県外からの好評を受け、市内の消費者の認知度や需要が増え、「ほんまもん農産物」が食卓に上がる頻度が増えていきました。このように、市が基盤となることで、同時多発的に始まった活動にも、目を配ることができたのです。

もし、それぞれが自分の〝立場〟にこだわっていたら意見はまとまらず連携は不可能でした。対立や利権、忖度の沼に陥っていたと思います。全国各地での取材を重ねてなお、臼杵市が希有だと感じるのは、この取り組みが立場をこえて地域全体の目標になったことです。お互いが既存のルールを活かすことで時間を節約する。少数のトップバッターだけではなく、個々に技術をもったプレイヤーが活躍する。トップが変わってもそれぞれが持続可能で活躍しやすいよう、情報が途絶えないよう、自治体が根幹を支え、整える。「給食」が、かなめとなったのです。

独自の認証制度で「ほんまもん農産物」を伸ばす

「うすき夢堆肥」を使用してつくられた有機野菜の、販売をサポートするための仕組みも開始しました。それが「ほんまもん農産物」の認証制度です。

認証にはもともと「緑」と「金」の2種類があり、いずれも「うすき夢堆肥」で土づくりを行ない、化学肥料を使わずに栽培した農産物で、「臼杵市ほんまもん野菜認証要項」を満たしたものが共通条件となります。「緑」は最小限の化学合成農薬使用。「金」は化学合成農薬不使用。店頭で消費者がわかりやすいようシールを貼って販売されます。認証審査は有機ＪＡＳの審査も行なう「ＮＰＯ法人おおいた有機農業研究会」に委託しています。「有機ＪＡＳ」規格の審査は申請書が煩雑で、審査料も生産者にとって負担となります。市の認証は申請書の様式を簡素化することで、生産者の負担を減らしました。

より明確な基準をつくり、臼杵市が責任をもってＰＲをする。余剰分は市や地元の飲食店、加工業者が買い取ることで生産物が滞らないよう風通しをよくする——自治体独自の認証制度を確固たる裏付けをもってブランド化するため、こうして臼杵市は無化学合成農薬・無化学肥料の野菜づくりの推進に、より本腰を入れていきます（2021年からは「緑」を廃止して「金」認証だけにしています）。

手間暇かけても子どもたちに有機野菜を

しかし枠組みが固まっても、実際の現場では問題が次から次へと出てきます。大きくは市にはふたつの給食センターがあり、約3000食を用意します。ところが大きさが不揃いの「ほんまもん農産物」は、機械で一律にカットできません。ではどうしたかというと、機械でできないことは人の手で行ないました。幾人かの調理員さんが手早く野菜をカットし、機械に入れられるよう下処理をします。有機野菜には虫が付いているのではと不安がる保護者の声もありましたから、洗浄もよりていねいに行なわれました。毎日の労を惜しまない調理員さんたちからは、手間暇をかけてでも子どもたちに有機野菜を使いたいという、強い想いを感じた瞬間でした。

ちなみに映画撮影時（2013年）は、給食で使われる野菜の3割を臼杵産農産物にするのがやっとでした。当初の市の目標は2016年までに臼杵産農産物を5割に増やすこと。実際には2016年、臼杵産農産物に「ほんまもん農産物」など有機野菜を加え、4割超えを達成。以降、安定した体制を保ち、2022年現在は4～5割を維持するまでになり、有機農業推進室が「ほんまもん農産物」の貯蔵実証を行なったところ、供給率も上昇。5割の臼杵産農産物のうち、70%を超える勢いで「ほんまもん農産物」の供給ができています。

ユネスコ食文化創造都市にも認定

こうした臼杵市の積み重ねが次第に各地に伝わり、年間の移住者は200人ほど。そのなかには『100年ごはん』の映画や本を読んで移住した新規就農者も多いと聞きます。市が野菜を市場の単価より少し高く買い取り、給食に充てていることも大きく、新規就農者の負担を減らしています。

現在「土づくりセンター」の堆肥の売上は年間約1000万円。つねにフル稼働しても足りないほどです。「うすき夢堆肥」は土壌改良が目的ですので、ドラスティックな変化は望めません。しかし将来的に使用者が増え、しっかりした作物が成長すれば、ゆくゆくは市内の化学肥料・化学合成農薬の使用量も減少するのではないかという希望に向け、今日も力強く稼働しています。

新しい活動としては、地元の若手チームが始めた「ひゃくすた」（百姓New Standardの略）というマルシェが好評で、口コミで県外からのお客様も増えています。なかでも「ほんまもん農産物」を使用したお弁当は毎回、午前中に売り切れてしまうほどの人気です。

地元の食材で、なるべく農薬や保存料なし、添加物の少ない商品を開発しようと、加工業者も活発な動きを見せはじめました。2021年度には23事業者が参入、89品目あり、売れ行きも好調、大分市内の大手商業施設での売り場でも認知度とともに売上も上がっています。6次産業化にはまだまだ伸びしろがあります。

いまでは「ほんまもん農産物」の給食を食べて育った子どもたちが成長し、地元の豊かさを感じはじめ、積極的に地物を使おうという流れも定着。給食は臼杵市民の生活様式となり、「食文化」であることが証明されつつあります。その流れの一環として2021年11月、臼杵市は、これまで丁寧に育んできた多彩な食文化が国際的に評価され、ユネスコ創造都市ネットワーク食文化部門への加盟が認められました。ここまでたどり着くのに25年。100年先を見据えた食のバトンが、今日も臼杵市民の手から手へと渡されています。

参考資料

『未来へつなぐ食のバトン　映画「100年ごはん」が伝える農業のいま』大林千茱萸著（ちくまプリマー新書）

映画『100年ごはん』（2013）大林千茱萸監督作品

事例6　熊本県山都町

先人の積み重ねと有機的なつながりで実現した有機給食

吉野隆子（オーガニックファーマーズ名古屋代表）

山都町で有機農業が広がった理由

九州の中央に位置する熊本県上益城《かみましき》郡《ぐん》山都《やまと》町《まち》は、標高200〜1700メートルに位置する冷涼で寒暖差が大きい地域だ。古くから行なってきた、野の草や畜産業から排出される牛・馬糞などの堆厩肥を活用した土づくりと、気候を活かした米や野菜の有機栽培が盛んだ。

山都町は2005年に矢部町・清和村・蘇陽《そよう》町が合併して誕生した。

山都町有機農業協議会が作成した「有機農業運動の年表」の最初の行には、「医師　竹熊宜孝先生　農村婦人の血液検査の結果、貧血の多さや農薬中毒を懸念」とある。竹熊さんは弟が農薬中毒になったことがきっかけで医師を志した。「医と食と農の一体化による医療活動」を実践したくて大学の研究室を出て、山都町の北西、現在の菊池市泗水《しすい》町にあって閉院となっていた診療所を、近隣の農地つきという条件で引き受けた。

この診療所が「菊池養生園」だ。竹熊さんは院長として、「病気にならないためには食事が基本」と説き、自ら畑を耕して野菜を有機で栽培してきた。

1970年には竹熊さんらが「新しい医療を創る会」を立ち上げ、農業者も加わって有機農業の勉強会や集会を開催するようになる。日本有機農業研究会が生まれる前年のことだ。水俣病も背景にあったのだろう。そこから県内各地域に有機農業に取り組む農家グループや生協など複数の団体が生まれていく。1977年に有機農業全国大会が矢部町で開催されたことも、地域の有機農業の広がりを後押しした。ここまでの流れは、山都町の有機給食を知るうえで大切な前史だ。

山都町の有機給食前史

こうした状況を背景に1994年、矢部町内の小・中学校に通う母親たちの組織「母親部」が中心になり、学校給食に減農薬米を中心とした地元農産物の導入を求める運動が起きた。1996年には地産地消給食が実現している。

蘇陽町の東竹原《ひがしたけばる》小学校でも、校長が地産地消給食を呼びかけ、1993年頃に地元野菜の納入を開始。その後、蘇陽地区でも「地元の米を学校給食に納入しよう」と保護者が運動を始め、2012年に3小学校が合併して蘇陽南小学校が開校した際に、菅尾《すげお》と東竹原のライスセンターから蘇陽地区にある3小学校への米の納入が始まった。併せて矢部町内の小学校で地産地消給食を経験した栄養教員の異動によって、清和村・蘇陽町に地産地消給食が広がっていく。

清和村・蘇陽町の学校給食に地元農産物を納めていた会社で、給食への納入を担当していたのが、福岡から移住した小川政子さんだ。小川さんは株式会社肥後やまとの設立に携わり、現在は同社事務局長として有機給食にもかかわっている。

清和村・蘇陽町で育まれていた地産地消給食は、合併を機に山都町全体の有機給食へとつながっていく。

地産地消から有機へ

矢部町の有機農家のグループは横のつながりをほとんど持たずに活動していたが、2003年に「矢部町有機農業協議会」が設立されて活動に広がりが生まれ、給食部会ができる。翌年、学校給食に納入する野菜は「地産地消」から「有機栽培」へと移行が始まる。取り組んだのは13名の農家だ。

「最も難しかったのは、それまで野菜を納入していた業者の理解を得ることでした。何度も話し合った結果、彼らを通じて納入することで、有機給食実現にこぎつけました。その後も年1回の連絡会を続けていましたね」と、当時からかかわる農家の田上《たのうえ》明さんは思い返す。

当初は矢部町有機農業協議会の給食部会から納入業者へ持ち込み、矢部地区の学校に納品していた。2005年の合併を機に「山都町有機農業協議会」となるが、納入は旧町村域単位で行なわれていた。

2010年、有機農業の普及と新規就農者の育成、売り先の確保を目的に、「肥後やまと会」が立ち上がる。以降は、肥後やまと会が清和地区・蘇陽地区の学校への配達も担うようになった。同会は2016年には「株式会社肥後やまと」に発展して給食納入業者となり、現在は山都町内全校と三つの保育園に納入している。同社は生産者が出資して立ち上げた販売会社で、山都町のオーガニック流通のプラットフォームになっている。

有機野菜だけでなく有機米も

山都町内の小・中学校の1日の給食食数は教職員を含め、6校613名、中学校は3校361名（2022年10月現在）。学校のある日はほぼ毎日納品している。納める野菜には有機JAS認証を取得した野菜・認証のない無農薬の野菜・減農薬の野菜が含まれている。

学校給食の定番であるジャガイモ・タマネギ・ニンジンをはじめとして、旬の時期に合わせて、サトイモ・トマト・レンコン・カブ・白ネギ・ダイコン・レタス・ニラ・キュウリ・ナス・ピーマン・ハクサイ、さらに多くの学校では避けられがちな、コマツナ・ホウレンソウ・チンゲンサイなどの葉物も納めている。

調理は自校方式なので、肥後やまとが1~2カ月前までに各校に見積りを送付する。給食費の予算や他の業者とのバランスも考えたうえで、注文が入る。従来仕入れていた農産物との価格差は出るが、事前に見積りすることにより、市場の価格変動に比べると献立を立てやすい面はある。しかし、どうしても学校ごとに品目や数量のばらつきは出る。

差額を補填することはしておらず、限られた給食費のなかでのやりくりが必要だ。さらに昨今の物価高が食材費を圧迫しており、有機野菜を使えない状況も生まれている。異常気象の影響で、野菜の安定供給も以前より難しくなっている。

学校給食は何か一つ変えようとするだけでも、大きな労力が必要となる。だが、山都町では給食部会ができた2003年から、20年近く活動してきているので、長年の積み重ねと実績があり、先生たちとも交流・情報交換ができていることが助けになっている。

最初は保護者として、現在は株式会社肥後やまとの営業企画担当という立場でも有機給食にかかわる、山都町有機農業協議会学校給食部会事務局の岩田理恵さんは、「ここまでスムーズに動いてきたのは、前史に乗っかっているだけ。先人にベースをつくっていただいているからできた。それをわかったうえで私たちが活動することが大切です。これからは時代に合ったやり方を見つけて、新しい仕組みをつくっていくことも大事だと思っています」と力を込める。

米については、JA上益城の有機農業研究会有機米部会の提供によって2021年から始まった。それまで有機米は実績がなく、慣行栽培と有機栽培の差額をどうするかが大きな課題だったが、現在のところ、町が補助する形で運用している。

有機給食が山都町の未来をつくる

2022年3月に山都町が策定した「有機農業推進計画」では、2027年度に目指す姿として有機米の学校給食利用率100％、有機野菜の学校給食利用率100％という数字が示されている。「農家と一緒につくった目標です。みどりの食料システム戦略を受け、高い目標になっています」と山都町役場農林振興課では説明する。同課に設置された有機農業推進室は、他の業務と兼任するメンバーがいるものの4人体制だ。農業専任の職員がいない行政が増えているなか、1万3000人弱の町で4人を有機農業に充てていることからも、山都町の有機農業への意気込みが伝わってくる。現在、有機農業サポートセンターの立ち上げを検討中だという。

2018年には、山都町が有機JAS認証を取得した有機農産物生産行程管理者数が日本一多い町となった。2022年3月現在、52事業者に及ぶ。肥後やまとでは、メンバー農家約50人のうち半数以上が有機JAS認証を取得している。

代表の原田幸二さんが約40年前に有機農業を始めた頃は、すべてが手さぐり状態だった。

「新規就農者の育成に力を入れてきました。生産量が安定しない新規就農者を、ベテラン農家がカバーして支え合う仕組みをつくった結果、収穫量や値段が安定し、次世代に引き継ぐことが可能になった」

山都町でも子どもが激減していて、小・中学校を合併して一貫校にしていく予定だ。

「少子化に対応しつつ地域を守るためには、子どもが欠かせません。そして、子どもたちの健康には、良質の給食が欠かせないんです」と岩田さんは思いを込めて話す。

多くの人がかかわる長い歴史に育まれた有機給食が、山都町の子どもたちや未来を形づくっていくことを確信することができた。

事例7　福島県喜多方市

旧熱《あつ》塩《しお》加《か》納《のう》村《むら》の有機給食の精神を教育に生かして

伊達明美（喜多方市立加納小学校校長）

加納小学校の「校章」は稲穂のデザインが特徴的です。頭《こうべ》を垂れた稲穂が学校を包み込みます。学校のアイデンティティは農です。そして、食。旧給食調理室は職員室や校長室よりも校舎の中央に設置されています。そのことが、食を中心に教育活動が展開されてきたことを今に伝えています。食と農によって子どもを育む教育が本校の教育方針です。

喜多方市立加納小学校の校章

加納小学校の有機給食の歴史は44年前にさかのぼります。その頃、熱塩加納地区（旧熱塩加納村）ではすでに有機農業がスタートしていました。給食開始後は、地域に支えられた有機給食の取り組みを軸とした、「社会に開かれた」すばらしい教育が展開されてきました。

本稿では、地域の方々にお話をうかがいながら有機給食の歴史を振り返りつつ、現在の加納小学校の取り組みをご紹介したいと思います。歴史に学ぶことは校長として欠かせないことです。有機給食が始まった頃と現在を照らし合わせて、改めて食と農を通した学びのカリキュラムをマネジメントすることによって、子どもの育ちと地域づくり（地域活性）をつなげることができるからです。

「さゆり米」から「まごころ野菜の会」へ 農家の思いを子どもたちにつなぐ

1979年、熱塩加納村立加納小学校と熱塩小学校で「さゆり米」（有機米）による米飯給食週5日が始まりました。安心な米を誰より子どもたちに食べさせたいという、地域の方々の思いからでした。さらに、「主食だけでなく副食も」と地元で育てられた野菜が給食に使われるようになったのは、1989年からでした。それは自然な流れだったそうです。以来現在まで「まごころ野菜の会」の方々が給食の食材を提供してくださっています。この会は、家庭で育てた安全な収穫物を、無理せずにできる分だけ給食に供給し、子どもを育てたいという人の輪です。そして、その思いを子どもに告げるという意味で「まごころ」という名前を付けたといいます。

現在も本校では、給食を食べ始める時間になると、当番の児童がその給食について「まごころ野菜・生産者紹介」を放送します。「トマト、〇〇さん。ピーマン、〇〇さん」と毎日数名の方の名前があがります。給食の配膳室の前には、「まごころ野菜の会」のみなさんの顔写真を掲示しています。児童にとっては、会の方々が「なじみの方」のようになっています。ですから、給食を食べ終わり「ごちそうさまでした」を言うとき、子どもたちは「まごころ野菜の会」のみなさんの顔や野菜を育てる姿を思い浮かべて、「おいしかったです」とあいさつをするのです。

年に一度は、「まごころ野菜の会」の方々と児童がともに給食を食べる「招待給食」を行なっています。この日は野菜そのものや野菜づくりについての質問タイムを設けて、ふれあいをもちます。子どもたちはこの交流をとおして、農家の方の、安全な農作物を育てて、食への安心も届けたいという思いにふれます。そして、食の安全や大切さ、食べものを育てるということについて考えるようになります。有機給食が目指すのは、生産する農家の方の思いを子どもにつなぐことです。

会長の山口潔さんによれば、課題は会員の高齢化とのことですが、「まあまあ。少しずつ。一人ずつ」と話をされます。若い世代の方も加わっているそうです。「まごころ野菜の会」は「自然発生的」に始まったといいます。何十年も継続した取り組みとなっているのは、熱塩加納地区には、農家の方々の思いやつながりが自然に流れているからだと感じられます。

合併後の共同調理場でも有機給食を引き継ぐ

2006年、熱塩加納村は、市町村合併によって喜多方市熱塩加納町となりました。合併を機に、旧村内の中学校1校、小学校2校の学校給食を共同調理場で調理することになりました。共同調理場となっても、有機給食は引き続き推進されました。小学校2校(本校と熱塩小学校)が築いてきた有機給食への取り組みが共有されたからです。

熱塩加納村当時の栄養士や調理員の方について、今でも、保護者の方々は、思い出や感謝の気持ちを語ってくれます。

「小学生だった頃、食品添加物について考えるきっかけをつくってくれた」「『おやつカード』で自分が食べるものへの関心が育った」、と。そして「とても大切なことを教わった」と口をそろえておっしゃいます。栄養士や調理員の方々は、有機給食を生かして、積極的に子どもたちに食育を行なってきました。さらに学校だけでなく、地域、田や畑へも出向き、安全な食べものについて話をしました。熱塩加納の子どもも大人も一人ひとりに食への思いを育て、思いをつないでいったのは、有機米の給食が始まった四十数年前から続く、こうした回を重ねた丁寧な説明によるのだろうと思います。

地場産有機給食を続けるうえでは、「まごころ野菜」

の生産者と共同調理場の栄養士、調理員がつながりをもつことも大事にされてきました。「どんな野菜がほしいか」「(自分のところでは)○○の育ちがいいから、提供しようか」「子どもたちにどんな野菜を食べさせたいか」などをともに話し合い、「質疑応答ができる」場が定期的に設けられてきたのです。こうして今日も、安全でおいしい給食が届けられます。

旧給食調理室を「農業科ミュージアム」として再生

地域のみなさんは学校にお出でになると、旧給食調理室のことを「ここで給食をつくってたなあ」と懐かしそうに話します。有機給食は学校の自慢であり、給食調理室は学校の中心だったのです。物置になっていた旧給食調理室の再生は、児童だけでなく保護者や地域の方にも元気を与えるテーマでした。

6年生は、この旧給食調理室を「農業科ミュージアム」へと蘇らせました。喜多方市内の全小学校では「総合的な学習の時間」に「農業科」として農業体験を通した学習が行なわれています。本校では、農業体験と食育・食に関する取り組みを関連させたカリキュラムによって、「総合的な学習の時間」の学びを深めさせたいと考えています。そのなかで、旧給食調理室を食と農に関する学習記録を展示し、広く発信する場として再生させたのです。

「ここをまた加納小の元気の中心にしたい」「みんなに来てほしい」と、「まごころ野菜」生産者の方や地域の方、JAの方に集っていただき、学習報告会を開きました（写真1）。

「育てる」の先を考えられる子どもたちに

加納小では学校田で児童自ら稲を育てる学習も行なっています。そこでは稲の成長や栽培だけでなく、田んぼやそこに育つ生き物についても学んでいます。夏と秋にJAの方を講師に「田の生き物調査」を行なっ

写真１　学習報告会で地域の方に報告

写真２　田の生き物調査

ているのです（写真2）。

　そこでは、まず「農業科ミュージアム」で「田の生き物」について座学を行ない、生き物の命と田んぼとのかかわりを学びます。次に、実際に学校田に出かけて、どんな環境が生まれているのか確かめます。田の水をすくって「ほんとうにヤゴがいた」と歓声が上がります。「これは何ていう生き物かな」と調べる子どももいます。秋の生き物調査をする子どもたちのまわりには、たくさんのトンボが飛び交います。「田んぼで生まれたヤゴが、ちゃんとトンボになったんだ」とそれを見つめる、子どもたちのやさしい眼差しが印象的です。安全な環境が自分たちの安全な食だけでなく、生き物の命をも育むということを、実感をともないながら考えるようになります。児童には、一面の田畑が広がる郷土に対する愛情も育っていきます。

　「農業科ミュージアム」には、熱塩加納地区での四十数年にわたる農業と食への取り組みの様子も掲示しています。熱塩加納で有機を始めた小林芳正さんの思いも掲げます。子どもたちはこれまでかかわってこられた方々の願いに感謝を覚えます。そして、今日おいしく給食を食べることや、「総合的な学習の時間」に学ぶことについて、深く考えるようになります。農業科の学習をしていると、「田や畑を守っていきたい」と、時に子どもたちは「後継者」の顔を見せることがあります。

　2020年度、5・6年生は有機もち米を育て、赤飯にして地域のお年寄りへ届けて元気になってほしいという思いをもって学習を続けています。3・4年生は、低農薬で育てたジャガイモについて知ってもらうマーケットを開きたいという計画を立てています。そこには「育てて、そして…」の先を考えられる子どもたちの姿があります。「農業科ミュージアム」から地域へ、さらに広く人びととかかわろうとする子どもたちを頼もしく思います。

　加納小学校では、これからも有機給食に託された地域の思いにつながる農業科の授業づくり「原点からの創造」を進めていきます。

事例8　島根県吉賀町

有機農業運動の根底にある自給の精神を学校給食に伝えて

福原圧史（柿木村有機農業研究会会長）

私は柿木村役場と合併後の吉賀町役場で職員として、またひとりの有機農家として、有機農業と有機学校給食にかかわってきました。その立場からこの40年あまりの展開とその背景を振り返ってみたいと思います。

減反政策のショックから、生活改善運動と食べものの自給生産へ

1970年（昭和45年）から本格的に開始された減反政策には、柿木村では農家だけでなく、農協関係者や行政、商工関係者からも猛反発がありました。当時の山村経済は米の豊作や不作に大きく左右されていたからです。米は日本人の主食でありながら、農家でも腹いっぱい食べられない時代が続き、ようやく満足に食べられるようになったのは1955年（昭和30年）以降のことです。ところが、輸入穀物の影響もあり、米の消費が減少、米が余るようになり、減反政策が導入されることになったのです。

それまで柿木村では「水田＋少量多品目の自給的生

産」をベースとした農業を営みながら、林業・林産物で生計を立てていました。そこで減反政策導入当初は、山間地の谷間の、機械も搬入できず、牛耕により耕作されていた小さな棚田に杉を中心に栗や梅、柚子などの果樹が植栽されました。ところが、減反政策が水田再編政策に変わり、水田に復元できることを前提に転作しなければならなくなったのです。農政は転作による産地化を推奨していたものの、都市部から離れた小さな村では市場競争のできる作物のまとまった栽培は難しく、主食についで必要な大豆や小豆などの豆類を中心に転作を推進することになりました。

当時は県の生活改良普及員、村の保健師、学校栄養士、農協の生活指導員などが各集落を回って農家の生活点検をしながら生活指導や栄養指導をしており、われわれ産業課職員も一体となって活動を展開しました。山間地の集落では換金できる作物はなく、面積消化のために捨てづくりする転作も多くみられました。少しでも農地を有効に活用するためには、誰でも取り組める作物を推進し、たとえ換金できなくても家計に向けたほうが有効と考え、自給の見直しを進め、その中心を大豆栽培に据えました。農家女性（農協婦人部）による生活改善グループを中心に、緑黄色野菜のニンジンを食べる栄養改善運動やタマネギ、ジャガイモなどの根菜類の自給に加えて、味噌の自給を推進することになりました。大豆栽培は排水や連作障害の課題はありましたが、国の転作奨励金もあり転作推進には役立ちました。

1975年（昭和50年）以降、転作面積はさらに拡大され、味噌の自給も進んできましたが、余剰の味噌も増えてきました。生活改善グループ会員からは余剰の味噌をどうにかできないかという声もあり、学校栄養士から学校給食での使用が提案されました。同時に、タマネギやジャガイモ、ニンジン、サトイモなどの根菜類も学校給食で使用するようになりました。以上のような自給の見直しの延長線上での村内産農産物・加工品の新たな販路として、学校給食への食材供給が始まりました。

余剰味噌や有機野菜を学校給食へ供給

この頃私は役場職員として勤める一方で、村の担い手グループ（農林改良青年会議）を中心に「柿木村有機農業を考える会」を結成しました。そして、各地の有機農業を視察するなかで、1980年（昭和55年）10月には山口県岩国市の消費者グループへの試験的な有機農産物の供給を始めました。さらに、1981年（昭和56年）1月には、「考える会」と農協婦人部の地区リーダーが協働する形で柿木村有機農業研究会（有機農研）を結成、山口県岩国市の消費者グループとの提携を本格的に開始しました。こうしたなか、1982年度（昭和57年度）の小学校のPTA総会で保護者から「有機農業研究会が岩国市や周南市の消費者に供給している有機農産物を学校給食に供給してもらえないか」という要望があり、教育長から可能かどうか相談がありました。

当時、有機農研では山口県の都市部を中心に消費者会員も増えてきていましたが、地元の学校給食は優先させなければならないということで、1983年度（昭和58年度）から、有機農産物を中心に山菜や味噌などの加工品、栗などの特産品も地元の小・中学校の学校給食に供給することになりました。年間の月別野菜使用量を参考に学校栄養士と協議しながら主要野菜の作付けを増やしていきました。タマネギ、ジャガイモ、ニンジン、ホウレンソウ、キャベツなどの野菜が中心でしたが、消費者に供給している野菜や、タケノコやフキ、ワラビなどの山菜、コンニャクや梅漬けなどの加工品、平飼いの卵なども供給しながら、子どもたちに村の食材の紹介をしていきました。

有機栽培では、露地野菜を旬の時期を中心に栽培することになります。一方、慣行の施設野菜は旬をずらして価格的に有利販売できる時期に合わせて栽培しますが、厚労省の栄養成分表を参考にしても露地野菜と施設野菜では栄養成分が大きく違います。たとえば、夏が旬の露地トマトと冬の施設栽培のトマト、冬が旬

写真１　柿木村有機農業研究会のメンバー

の露地ホウレンソウと夏の施設栽培のホウレンソウなどです。冬のホウレンソウや白菜などの甘味は格別です。子どもの味覚は正直ですからおいしいものは喜んで食べます。

栄養士・調理員と生産者の相互理解を深めるために

消費者会員へは無選別で供給していますので、学校給食も同じ方式で納品したのですが、調理員からは野菜が不揃いで調理に時間がかかるなどの苦情が続きました。そのたびに私が調理場に行き、生産者にも調理員からの要望を伝えていきました。

一律の規格により選別出荷する市場出荷と違って、学校給食向け出荷では大きさはどの程度まで出荷が可能なのか、虫害被害はどの程度まで許容されるかなどを、調理場と出荷者が目で見て出荷基準を確認します。これを「目合わせ」といいます。たとえば、虫害被害も葉の面積のおおむね20％以内といっても見た目ではどのくらいか、実物を見ながら判断基準を定めるわけです。「目合わせ」は重要で、調理場（特に調理員）と生産者グループ双方の理解を深めなければ、学校給食への供給は続きません。

また、毎月の定例会で1カ月の献立表により出荷する生産者を決め、生産者が直接調理場に運ぶことにしていましたが、多忙と慣れない出荷計画で農家は出荷を忘れていることもあり、調理場から電話があると、私が出荷予定の生産者の畑に行き収穫して届けたこともありました。

その後、毎月の生産者の定例会に学校栄養士の出席をお願いし、これらの相互の課題を解決し、旬の野菜や村の特産品なども知ってもらうようにしました。学校栄養士が同席して献立表を中心に出荷者を決めていくので、出荷できない作物は出荷できるものに変更してもらうこともできます。また、栄養士は旬の野菜を聞きながら献立の参考にするようになり、季節外れの作物は献立表から姿を消していきました。旬の野菜や露地野菜と施設野菜の栄養評価は子どもたちの健康や好みに大きく影響します。有機栽培による旬のおいしい露地野菜は新鮮でもあり、ほとんど残食がありません。現在も学校栄養士（栄養教諭）は毎月の定例会に出席しています。

ここで学校栄養士の職制について補足しておきましょう。島根県の場合、1975年（昭和50年）まで学校栄養士は各市町村職員であったために、生活指導も含めて行政職員として保健師や県の生活改良普及員と一緒に集落を回ったりしていたことが、地域や農業の実情を知るうえで幸いしたと思います。76年以降、学校栄養士は県の職員に移管され、県内を転勤するようになりましたが、柿木村の学校給食業務での経験は次の学校で活かされ、農協婦人部などにも積極的に働きかけて、県内各地で有機野菜とまでいかなくても地域の食材を積極的に給食に活用するようになりました。

転勤で初めて柿木村の学校に勤務した栄養士は生産者や子どもたちに野菜の旬を教えられたりもします。その経験が学校の食農教育に活かされ、村の食育推進活動にもつながっていくのです。

合併後、全町で柿木方式の給食を実施

柿木村有機農業研究会による消費者グループへの有機米供給は1986年（昭和61年）から特別栽培米制度を活用して本格的に流通を開始しました。学校給食への有機米供給は1991年（平成3年）9月の定例議会による柿木村の「健康と有機農業の里づくり」宣言により1992年度（平成4年度）からスタートさせました。当時の学校給食米には消費拡大のための国庫補助金がありましたが、それは政府米の使用に限るという制限があり、村で生産された自主流通米は補助対象にはならないため、国庫補助金分は村が予算化して保護者負担が増えないように配慮しました。

2005年（平成17年）10月に柿木村は隣接の六日市町と合併し吉賀町が誕生しましたが、有機農産物の学校給食の取り組みは減農薬農産物も含めて全町の取り組みとして実施されることになりました。有機米については、合併前の旧六日市町でもアイガモ水稲会が発足し柿木方式で学校給食に供給されていましたので問題なく継続されました。2009年度（平成21年）からはすべてを米飯給食にし、さらに、2016年度（平成28年）からは学校給食費の完全無償化を実施しています。

全国市町村の財政事情は厳しさを増し、保護者負担も考えますと、給食予算は最も早く合理化されかねない分野です。全国的にみれば、現状の学校給食の食材は、輸入農産物や畜産物も多く使用されています。四十数年前は柿木村の学校でも中国産の冷凍ホウレンソウを使用していたものです。そんななかであえて有機給食を進めようとすると、「なぜこんなに高い食材を使うのか」「なぜ子どもたちにわざわざ無農薬農産物を食べさせなければならないのか」「もっと安い食材を使用すべきだ」という声が行政や議会から出かねません。だからこそ行政や議会に対して義務教育における給食や食育の意味を理解してもらうことが重要だ

写真2　吉賀町立柿木小学校1年生の給食

と考えています。

子どもは親の子どもでありながら「町の子ども」でもあります。町民は子どもの健康や将来について、みんなで一緒に考えていかなければなりません。ましてや、コロナ禍のなかで景気低迷やリストラなどで経済的に厳しい家庭が増えています。こんなときこそ行政は子どもたちの健康に責任を持たなければならないと思います。その意味で、吉賀町の有機農業研究会は都市の「子ども食堂」にも食材供給で応援しています。

食料危機が実感されるいまこそ

柿木村から吉賀町へと引き継がれた地産地消型の有機学校給食は、食の基本から考えれば至極当たり前のことをやってきたにすぎません。しかし、戦後の日本社会ではそれとは正反対に、米国の余剰農産物を利用した学校給食によって輸入小麦の消費拡大がはかられました。米や野菜、魚を中心にした伝統的な日本食を欧米食に変えた大きな要因も学校給食にありました。ようやく1980年代に入って、米飯学校給食の導入とあいまって、いくつかの自治体で地場産給食や有機給食の取り組みが始まりましたが、減反と農家の自給運動をきっかけとした柿木村の有機給食もその一つでした。

温暖化による災害の多発や大地震の予測、ロシアのウクライナ侵攻などにより世界的な食料危機が実感される今こそ、改めて「黄金の国・日本」の原風景を思い出し、次の世代と一緒に食と農について基本に立ち返って考えていかなければならないと思います。

事例9　島根県雲南市

まもなく取り組み30年！ 木次から雲南に広がった、生きる力を育む地域給食の環

三瓶裕美（つちのと舎代表）

パスチャライズ（低温殺菌）牛乳の木次乳業など、早くから有機農業に取り組んできた島根県木次町《きすきちょう》。ここでは学校給食野菜生産グループが活動し、生産者・給食センター・自治体が連携して、多彩で安心安全な地元野菜の旬のおいしさを子どもたちに届ける「地域給食」にも取り組んできた。市町村合併や給食センターの統合など、社会環境の変化にともなう「地域給食」の変遷と今について、2022年7月に行なった関係者への聞き取りや見学にもとづいてお伝えしたい。

なお、筆者は2011年に東京から雲南市に地域おこし協力隊として移住した。現在は木次町にて「つちのと舎」を営み、「体づくりと農ある暮らし」をテーマに、人のつながる場づくりをしているほか、体育活動コーディネーターとして、雲南市内の小中学校でダンス・表現運動の講師をしている（注1）。

雲南市への合併と給食センターの統合

平成6（1994）年、木次町で学校給食野菜生産

写真１　木次町給食野菜生産グループのみなさん

グループが発足した。もともと木次町では、昭和47（1972）年に木次有機農業研究会が立ち上がり、㈲木次乳業が日本で初めてパスチャライズ牛乳の生産・販売に成功するなど，有機農業が盛んな地域であった。新たに立ち上がった給食野菜生産グループも「限りなく無農薬に近い野菜を子どもたちに！」と、野菜づくりに取り組んだ。米や味噌は地元産、牛乳は木次パスチャライズ、給食野菜の自給率は60％を超え、平成11（1999）年には農林水産大臣および文部大臣から表彰を受けた。

平成16（2004）年に木次町、大東町、加茂町、三刀屋町、掛合町、吉田村の6町村が合併して雲南市となった。木次町以外の町でも給食野菜生産グループがあり、かつ、それぞれの町に給食センターがあるなど、地域給食が大事にされてきた歴史があった（写真1）。

しかし施設の老朽化や少子化などから、木次町、三刀屋町、掛合町、吉田町の4町の給食センターを統合し、令和元（2019）年に「雲南市中央学校給食センター」が木次町に新設されることになった。「規模が大きくなることで地元野菜を使うことが難しくなるのではないか?」「生産者はそれぞれの給食センターに野菜を運んできたが、遠くなると負担が大きくなって続けられなくなるのではないか?」など、さまざまな不安や課題が生じるなか、雲南市は教育委員会と農政課合同の検討会を設けて対策を講じた。

「地産地消コーディネーター」と「生産指導コーディネーター」の設置

その結果、生産者の負担を増やさないよう、野菜の出荷場所は各町にそのまま置かれ、「地産地消コーディネーター」(注2)を配置して、各町の野菜の集荷など生産者と給食センターをつなぐこととした。野菜の出荷量の調整には、木次町で行なわれていた発注振り分けの調整会議を参考に、毎月4町それぞれで調整会議が開かれ、割り当てられた野菜の出荷者を決める。地産地消コーディネーターは全4回となる会議に出席

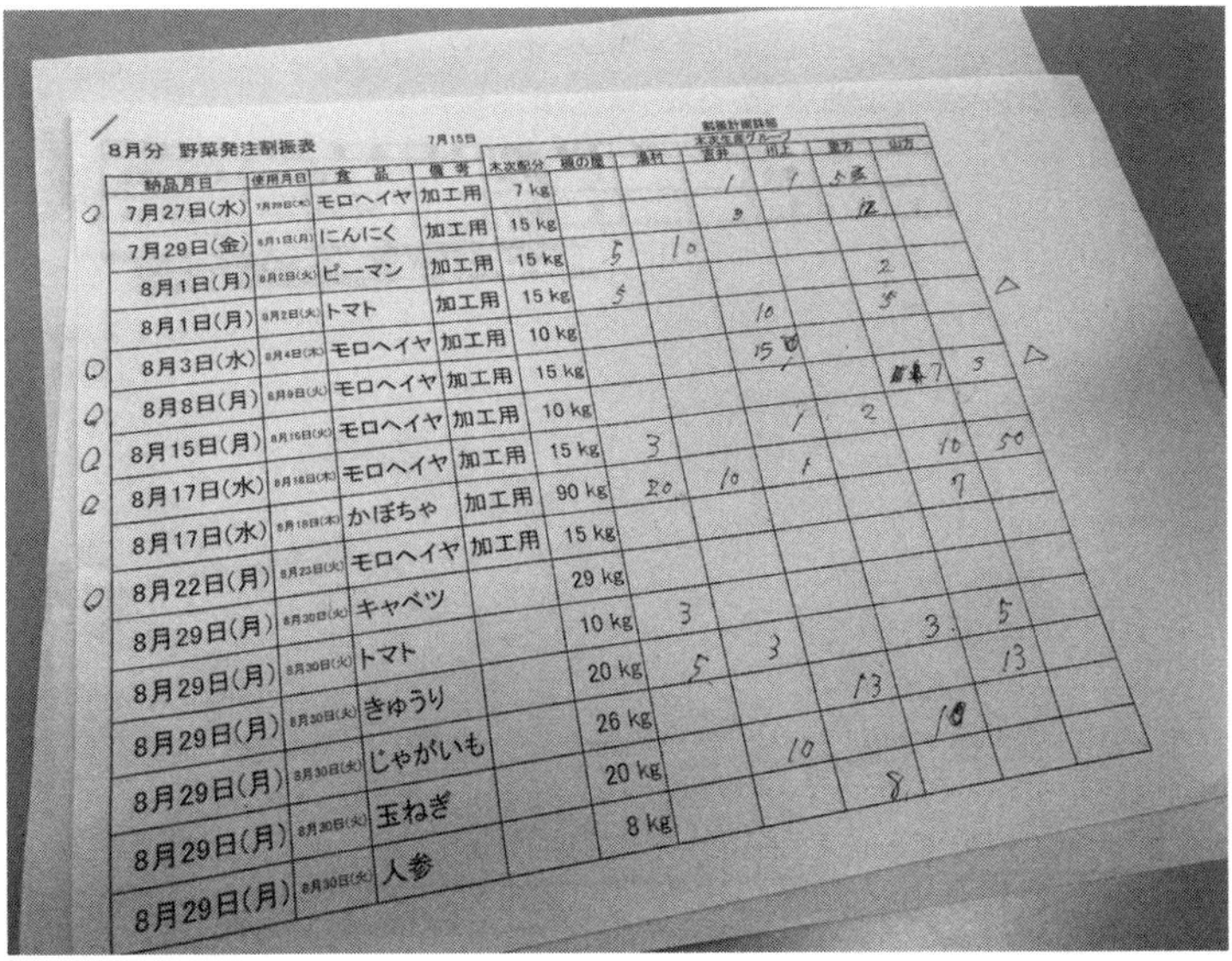

写真2 木次町給食野菜生産グループの野菜出荷割振表

し、4町間の調整役も担う（写真2）。

木次町の調整会議を見学させてもらったが、木次町には6グループ22軒の生産者がいて、会議にはグループの代表が出席する。日にちごとに必要な野菜とキロ数が書かれた表が配られ、各日の出荷グループと出荷量が相談しながら決められた。この場には「生産指導コーディネーター」（注3）も出席し、栽培についての質問や情報交換が熱心に行なわれる。夏休み期間には給食センターの調理を担う方たちが研修として生産者の畑を訪問し、実際に収穫作業を体験することが企画されるなど、生産者と調理者の交流と相互理解も図られている。

地産地消コーディネーター・栄養教諭・食育支援員の連携

現在、雲南市中央学校給食センターの野菜の地産地消率は67%にのぼり、給食センター統合前よりも高い数値になっている。これは地産地消コーディネーターと栄養教諭、食育支援員の連携による、地産地消しやすい仕組みづくりによるところが大きい。

地産地消コーディネーターの安食恵治さんは元市役所職員で、2カ所の給食センター長を勤めた後に現職に就いた。それだけに、栄養教諭が給食の献立づくりや食材の発注だけでなく、その他にもたくさんの役割を持って忙しいことをよく知っており、地産地消率を上げていくためには、個人の力ではなく仕組みをつくることが大事だと考えた。野菜の発注優先順位を設け、1次が生産グループ、2次が農事組合法人、3次が小売店とし、食材仕入れまでの流れについて、栄養教諭・食育支援員・地産地消コーディネーターそれぞれの業務を一覧化し、役割や業務のタイミングを共有した。

また、地元野菜入荷実績を品目と時期で一覧表にしている（表）。中央学校給食センターのエリアは広く、標高37m～440mまでの標高差があり、地域によって野菜の旬の時期が少しずつずれるのだが、この一覧表を見ると、どの野菜をどの時期に使用しているか、使用したのは地元産か否かがパッとわかるようになっ

表　地元野菜入荷実績表

資料4－1

地元野菜入荷実績（令和元年度～）　　雲南市中央学校給食センター

品目	年度	4月			5月			6月			7月			8月			9月			10月			11月			12月			1月			2月			3月			年間使用量		
		上旬	中旬	下旬	上旬	中旬	下旬	上旬	中旬	下旬	上旬	中旬	下旬	上旬	中旬	下旬	上旬	中旬	下旬	上旬	中旬	下旬	上旬	中旬	下旬	上旬	中旬	下旬	上旬	中旬	下旬	上旬	中旬	下旬	上旬	中旬	下旬	全体	地元産	割合%
じゃがいも	元年度															82	101	88	40	92	82	28			54		43		40	54	43	8				19		1,185	827	69.8
	2年度		40							30	135	95	103			44	199	55	132	143	199	165	78	20	42		30	53	4	25						9		3,444	1,669	48.5
	3年度		15						30	180	217	157				64	154	96	135	89	104	93	186		67	155	111	53		80	62	20			5	20		3,967	2,225	56.1
玉ねぎ	元年度															126	239	259	133	261	59	351	118	125	156	291	172	89		121	29		20					3,389	2,609	77
	2年度			14		91	300	437	311	331	357	350	506	300	262	325	353	282	290	333	272	301	182	202	61													8,712	6,757	77.6
	3年度				30	235	346	414	294	364	350	274	400	400	419	299	312	213	306	270	360	195	176	171	178	237	225			167	30	10			15			8,524	7,163	84
キャベツ	元年度																57	83	139			253	207	290	237	202	293	104	56	20	107	157	312	114	14	52	23	3,944	2,783	70.6
	2年度	59	331	57		163	321	32	10	323	283	213	230		16	30				172				54	189	361	266	187	27	229	266			40	243			8,179	4,168	51
	3年度	5	372	178	10	20	110	223	253	384	287	152			11	36	303		100	170	160	410	305	259	294	436	309	167		272	313	387	272	195	230	177	79	9,305	7,154	76.9
ほうれん草	元年度																													10	66	21		10	143	90		1,665	415	24.9
	2年度		20			7	25															12	30	101	36	94	85	21	3	82	61	45	47	21	80	55	76	2,346	1,156	49.3
	3年度		37	82	11	14	10	7	21		19	22	100								36	78	30	32	6	45	30	10		43	15	52	84	43	62	28		2,775	1,085	39.1
小松菜	元年度																		11				5	20	74	24							3			12		598	143	23.8
	2年度						10														12	10	10	10		66		15			22	18	12		8			774	207	26.7
	3年度		4			11	52	12			19		25					8		19	7	19	31	93	59	57	32	54		35	27					7	17	987	607	61.5
人参	元年度															28	109	145	80	191	50		5	9	20	143	208	71	72	73	144	110	196	195	4	21	9	2,388	1,848	77.4
	2年度	12	112								148	75	83		3	70	116	112	75	104	18	9	36	64	18	32	97	51	6	118	145	141	80	61	89	59	42	3,049	1,983	65
	3年度	1	109	139						54	68	80			2	38	76	88	90	18				3	20	57	18	18		73	103	99	68	88	98	82	21	2,714	1,585	58.4
葉ネギ	元年度															9	29	27	10	31	9	10	19	29	19	16	30	10	9	18	9	30	33	22	30	37		791	602	76.1
	2年度		20	4		10	20	30	39	30	29	10	9		1	25	29	9	10	25	9	38	8	34	10	20	20	1	1	28		10	24		18	21		859	710	82.7
	3年度	1	19	9		39	21	17	39	29	30	20					17	10	19	31	23	27	18	15	10	30	9	20		18	10	30	13		13	16		909	758	83.4
根深ネギ	元年度																					3		28	20	42	32				25			16				※葉ネギに含む		
	2年度																							18		22	10				18			5						
	3年度																						9	9			39	30		21	19	14		9						
かぼちゃ	元年度																	50	62	51		65				107	65	76		35								654	513	78.4
	2年度										51	10	32		12	51	43	116	163		73	64		64	100			63	7									970	873	90
	3年度														13	51	98	138	275	95	92	75	167					51						50				1,291	1,074	83.2
白菜	元年度																						39	272	220	20	245	52	39	58	325	31	96	150		21		2,159	1,639	75.9
	2年度																						25	221	100	459	300	157	13	329	236	240	223	260	224	90	40	3,490	3,126	89.6
	3年度								30	20											10	65	187	218	116	307	139	180		294	146	177	237	149	208	213	46	3,155	2,946	93.4
ピーマン	元年度																		5			3		5														86	14	16.3
	2年度												11			9	11	20	10		15																	257	88	34.2
	3年度													20	28	16	15		10																			276	140	50.7
ごぼう	元年度																11					4																391	15	3.8
	2年度																					3																1,011	3	0.3
	3年度																	26		4		24		21				5										1,056	82	7.8
大根	元年度																					43	147	277	266	351	256		136	268	656	336	364	313	736	337	106	4,468	4,176	93.5
	2年度																					94	44	60	224	395	282	197	14	196	544	609	282	152	486	495	184	5,496	5,036	91.6
	3年度	30		179				21	21	50												103	355	462	131	325	323	99		202	527	638	136	504	545	161	239	5,946	5,351	90
さつまいも	元年度																			149	87		53	198	108	161	105				15							1,039	874	84.1
	2年度																			42	226	122	217	97		177	63	112										1,345	1,072	79.7
	3年度																		63	111	99	165	180		130	94	52			42	42							1,323	965	72.9

1

品目	年度	4月			5月			6月			7月			8月			9月			10月			11月			12月			1月			2月			3月			年間使用量		
		上旬	中旬	下旬	上旬	中旬	下旬	上旬	中旬	下旬	上旬	中旬	下旬	上旬	中旬	下旬	上旬	中旬	下旬	上旬	中旬	下旬	上旬	中旬	下旬	上旬	中旬	下旬	上旬	中旬	下旬	上旬	中旬	下旬	上旬	中旬	下旬	全体	地元産	割合%
さといも	元年度																							53	56	149	163		56		32	73			8	5		599	595	99.3
	2年度																							100	55	91	104		6	38	45							574	447	77.9
	3年度																							131		93	106	45			95	30						596	539	90.4
かぶ	元年度																										15					32						63	47	74.6
	2年度																									15	42			31		21	33					165	148	89.7
	3年度																						20	10		61		31		20	10							269	269	100
きゅうり	元年度															15	5																					626	35	5.6
	2年度								20	19	40	37	75		3	54	19	13	3																			2,256	292	12.9
	3年度								5	14	143	105			7	7	21	5		3	7	13																1,261	446	35.4
いんげん	元年度																																					141	0	0
	2年度										4																											299	4	1.3
	3年度										9	4																										179	16	8.9
モロヘイヤ	元年度													23		20																						43	43	100
	2年度												12	19	60	7																						312	226	72.4
	3年度												7	23	50	23																						249	220	88.4
にら	元年度																																					19	0	0
	2年度																	4					5															79	11	13.9
	3年度										2											13																51	15	29.4
なす	元年度																	20	63																			101	91	90.1
	2年度										6		41		2	28	31	11	16																			359	166	46.2
	3年度										13	27			5	23	46	15	16																			330	142	43
糸うり	元年度																			50	23		41															114	114	100
	2年度															29		66	21			20																171	141	82.5
	3年度														5	6	98	54	24	75	20																	206	206	100
たかな	元年度																																					0	0	
	2年度	74																																			18	158	158	100
	3年度																																		26	6	7.5	61	56	91.8
集計	元年度	0	0	0	0	0	0	0	0	0	0	0	0	23	0	280	551	672	537	825	340	757	634	1,778	1,228	1,414	1,395	402	408	687	1,426	798	1,914	764	435	594	138	24,463	17,382	71.1
	2年度	145	523	75	0	271	676	499	380	733	1,053	790	1,102	319	359	672	801	688	720	819	824	838	635	1,027	835	1,710	1,299	857	81	1,676	1,319	1,084	701	534	1,148	729	360	44,305	28,441	64.2
	3年度	37	556	587	51	319	539	694	693	1,095	1,157	841	532	443	540	563	1,140	653	988	885	918	1,780	1,638	1,422	1,011	1,891	1,354	733	0	1,246	1,380	1,443	810	1,025	1,299	703	410	45,430	33,044	72.7

※集計の都合上、月の数量は発注数量を計上しているため、4月から3月までの集計数量と年間使用量の地元産の数量とは一致しない場合がある

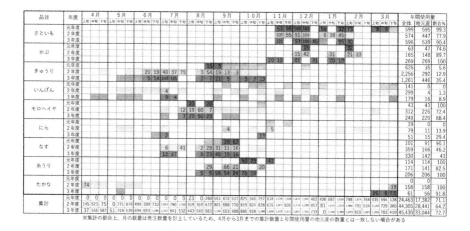

写真３　直売所に陳列された給食野菜

ている。栄養教諭は前々月に献立を作成するさい、この表を見ればその時にある地元産野菜がわかり、あるものを活かした献立をつくることができる。長期休業中には旬の野菜を加工保存し、季節をずらして使えるように工夫している。

現在、雲南市には中央・大東・加茂の3つの給食センターがあるが、中央の取り組みを参考に、大東、加茂の地産地消率も向上し、雲南市全体では平成30（2018）年度に37%だった地産地消率が、令和3年（2021）度には54%になっている。

地域の宝・給食を次世代につなぐために

「食は生命」と表紙に大きく書かれた「第3次雲南市食育推進計画」（令和2（2020）年度～令和6（2024）年度）」には、重点テーマとして「学校給食を通した『食育の環』の拡大」が掲げられている。給食は多くの人にとってなじみ深いものだ。雲南市の子どもたちは大人になったとき、給食を思い出せばどんな食事が体にいいものなのか感覚的にわかり、目の前の料理から食材を、食材から生産する人たちや生産現場の田畑を想像できる。この取り組みをとおして身につけた力が、生涯を健やかに生きる力になると考えられている。令和３（２０２１）年には「雲南市給食向け野菜栽培者マーク」がつくられ、そのシールが貼られた野菜が産直売場に並ぶようになり、一般市民の食ともつながった。高い地産地消率と食育の取り組みは、食の安全を大切にする子育て世代にも好評で、移住を促す魅力の一つとしても、今後取り組みをより推進したい考えだ（**写真３**）。

このように雲南市の大きな魅力となっている地域給食だが、現在、後継者不足が深刻な課題となっている。給食野菜の生産者の平均年齢は70代後半から80代である。木次町の生産グループ発足当時から携わる勝田ツ子《ね》コさんは御年94になられるが、続けてこられた理由を聞くと、「子どもたちに野菜を食べてもらうのが嬉しくてね」と目を細められた。地域給食には地域の人たちの子どもたちへの愛が満ちている。地域の宝ともいえる給食を次世代に継いでいけるのか、これからの５年間が正念場である。

（注１）この経験から、筆者はまた、一般社団法人しまね協力隊ネットワークや総務省地域おこし協力隊サポートデスク専門相談員として、全国の地域おこし協力隊をサポートしている。

（注２）地産地消コーディネーター　教育委員会が設置。栄養教諭をフォローする役割で、おもに生産組合との調整を担う。毎日学校給食で使われる野菜を集荷したり、生産組合との会議で翌月の学校給食に必要な野菜の発注と受注を一括で行ない、生産・供給調整をしている。現任者は市職員ＯＢで、給食センターのセンター長経験者。

（注３）生産指導コーディネーター　農政課が設置。生産者をフォローする役割で、なるべく農薬や化学肥料を使わなくてもよいような生産指導や給食で使いやすい野菜の検討を行なう。現任者は農業分野でのキャリアを持つ県職員ＯＢ。

事例10　愛媛県今治市

40年にわたる地場産給食・有機給食の取り組みの成果と課題

胡　柏（愛媛大学大学院農学研究科教授）

今治市の学校給食はどこまで到達したか

今治市の学校給食における有機農産物導入の取り組みは1983年に始まり、学校給食センターによる給食から今治産農産物の使用を目指す自校式給食に変える運動において旗印の役割を果たした。自校式給食が始まった年から有機農産物の導入が行なわれたことや、2000年という早い時期に100％の自校単独または複数校で構成される地域共同調理場による給食が達成されたことなどから、「日本一の学校給食」（今治市、2001）として注目されてきた。

学校給食に占める「今治産」「有機」の割合を直近（2020年度）の実績でみると、化学肥料・化学農薬とも地域慣行の50％以上削減した今治産特別栽培米はほぼ100％、今治産パン用小麦は92・5％に達している。豆腐用大豆は、収量不安定等の影響を反映して、直近5年間で少ない年は540kg、多い年は2200kg納入している。今治産野菜（重量ベース）

は49％で、有機野菜の割合が3～4％を占めている。今治産果物類（重量ベース）は62％であり、有機果物の割合が年によって0・6～3・5％の変動幅がある。これらの実績のうち、特別栽培米のように2000年頃すでに今治産100％に達した品目もあれば、パン用小麦のように直近5年間で今治産を3割から9割まで高めた品目もある。また、今治産野菜は、2001年に3つの調理場、5つの小中学校で60％に達したが、2021年現在、全小中学校で約50％になり、地元産の給食使用が大きく前進している。また、学校農園で生産された野菜を学校給食に使用する取り組みは26小学校中の25校が実施している。給食食材利用が15校、学校イベントあるいは授業等での使用が10校である。2000年頃に「校区内生産、校区内消費」の目標を掲げたが、着実に成果を上げている。

写真1　給食説明　「有機給食の日」（今治市役所提供）

地場産・有機給食の三つの効果

「今治産」「有機」を特徴とする学校給食の取り組みは、食育、地産地消や有機農業の推進に寄与するいくつかの効果をもたらしている（注）。一つめは、食育・農育効果である。地元産食材の使用に合わせて実施される食材の説明、調理場見学、アイデア献立コンクール等の取り組みは、有機農業や地産地消に対する生徒たちの理解・意識の向上に寄与している。

二つめは、取り組みの地域浸透効果である。2002

写真２　学校給食用食材を搬入する有機農業者（今治市役所提供）

年に行なった同市のアンケート調査（回答者3144名）によれば、小学生の保護者の46・3％が「地域食材の優先使用」、39・0％が「有機農産物等の導入」を認知し、中学生の保護者もそれぞれ38・7％、30・6％の割合を示している。さらには、家庭内で「地域食材の優先使用」を行なっている保護者が35・1％、「有機農産物等の使用」を行なっている保護者が38・5％に上る結果も示されている。また、2013年の市民アンケート調査によると、36歳になった元生徒（回答者517名）のうち、19・7％は「地元野菜」、10・6％は「減農薬米」、5・6％は「有機農産物」、33・3％は「学校農園野菜」、39・8％は「郷土料理」を認知している。学校給食の取り組みは、「生徒から保護者へ」、「学校から社会へ」をとおして地域に浸透し、地産地消や有機農業推進のコンセンサス形成に寄与している。

三つめは、有機農業への応援効果である。有機農業者グループから学校給食に納入される有機野菜の量は、出荷先の多様化もあって出荷量の1～2割程度だが、安心できる出荷先の一つになっている。学校給食に占める有機農産物の割合がまだ低く、有機農業の拡大にともなって大きな可能性、潜在力を秘めている。

実現・継続できた要因は

今治産給食・有機給食を実現させた要因は、自校式給食が成立するまでの成立要因と、取り組みを持続させる継続要因があげられる。自校式給食の取り組みは、1981年に学校給食センターの老朽化にともなって新しい共同調理場の整備案が検討されたさいに、立花地区の有機農業者や「愛媛有機農産生活協同組合」(略称「ゆうき生協」)の消費者会員である子どもの母親たち(「今治くらしの会」)が中心になって反対運動を起こしたことがきっかけである。その背景には、有機農業運動の進展、食料自給率の低下や米の生産調整にともなう農業経営環境の悪化に対する農業者たちの危機感と、食の安全安心に対する消費者の不安があり、新しい共同調理場整備への反対運動が市長選に影響を及ぼす市民運動に発展した。その結果、運動を主導した関係者の支持を受けた新人候補が当選し、自校式給食の推進に道を開いた。これは、学校給食をめぐる産消提携運動の成果であり、今治型取り組みを成立させた重要な条件でもある。

取り組みを継続させた要因は多々あるが、二つだけあげよう。一つは、1988年と2005年の2度にわたる市議会の「食料の安全性と安定供給体制を確立する都市宣言」と、「今治市食と農のまちづくり条例」(2006)に象徴される政策環境・推進体制の整備である。条例に位置づけられた「食と農のまちづくり委員会」は、毎年、事業計画の策定と進捗状況の点検を行ない、各種事業の推進や取り組みの継続に制度的な保証を与えている。

もう一つは、継続的な食育推進である。保育所、幼稚園の食農体験、保護者への食育講習、給食参観、今治産米粉を使用した蒸しパンの試食等生涯食育・地産地消の推進、小学校の地魚料理教室、親子向けの農業体験、地域住民を対象とした郷土料理学習会の開催等地域ぐるみの食育、学校給食への有機農産物の供給拡大をはかるための社会人向け実習型有機農業講習会などが恒常的に行なわれている。こうした取り組みの継続と蓄積は、上に述べた実績の達成に大きく寄与している。

写真３　学校給食に有機農産物を納入した越智一馬さん（故人）の有機野菜畑（撮影：筆者）

残された課題は

今治市の取り組みは、他地域に示唆を与える多大な成果を上げてきたが、学校給食に導入される有機農産物の割合がまだ5％未満であり、大きな課題といえる。理由はさまざまだが、２点だけあげよう。一つは、有機ＪＡＳ認証の停滞で学校給食に提供できる認証農産物が限られているという点である。２０２０年現在、有機ＪＡＳ認証を受けた農業者は16名で、目標としている27名（目標年度２０２１年）とは大きな開きがある。また、ほとんどの認証農業者は複数の販路を持ち、学校給食に提供できる生産物の量がせいぜい１、２割程度である。つまり、供給量不足で「今治産」にとどまらざるを得ない実態がある。

もう一つは、有機農業の実態把握不足で学校給食における有機農産物の割合を高めるビジョンや具体策を打ち出せていないという点である。愛媛県資料では同市の有機JAS認証農業者が23名おり、今治市の数値と大きく異なる。また、有機JAS認証を受けていない取り組みも52件で、認証農業者と合わせて計75件、33・5haになる（2021年3月）。2020年農林業センサスでは、「有機農業に取り組んでいる農業経営体」は95件、60・5haあり、米・野菜・果樹の多岐にわたっているとの結果を示している。同市の関係者はこれらの情報を共有しておらず、どれくらいの農業者が、どの地域で、どれほどの経営規模で有機農業に取り組み、彼らが何をつくり、どの時期にどれくらいの量を学校給食に供給可能かなどを把握していないため、有機農産物の学校給食を大きく前進させる構想が持てない。

同市の学校給食における有機農産物導入の取り組みをいっそう進化させるには、有機農業や有機JAS認証の取り組みをさらに前進させることは言うまでもなく、有機JAS認証以外有機農産物の活用手法や仕組みの確立を検討しなければならない。そのためには、有機農業の実態と学校給食供給の可能性を把握し、持続可能な取り組みの構想づくり・企画づくりが不可欠である。

（注）詳細は胡・片岡（2003）、胡（2006）、今治市学校給食の取り組み経緯や実態等については安井（2010）を併せて参照されたい。

参考文献

胡柏・片岡美喜「学校給食における有機農業と地産地消の世界―愛媛県今治市の取組みを中心として―」『農林統計調査』53（2）、2003年、9-16頁

胡柏「食と農のまちづくりで包括的な条例―『今治市食と農のまちづくり条例』は何を示したか―」ダイオキシン・環境ホルモン対策国民会議『ニュース・レター』43、2006年、9頁

今治市「これぞ！ いまばりの学校給食―地域食材活用学校給食モデル事業実績報告書」2001年

安井孝『地産地消と学校給食』コモンズ、2010年

コラム2

海外で広がる有機食材の公共調達

関根佳恵（愛知学院大学経済学部教授）

海外で広がる有機給食

今、世界各地で食と農をめぐる危機、すなわち、栄養不良や肥満、食に由来する疾患、食品ロス、地域農業の衰退、気候変動や生物多様性の喪失等が深刻化しています。こうした問題を同時に解決するために、公立の学校、病院・介護施設、役所、刑務所などの給食・食堂の公共調達に地元産の有機食材を導入する取り組みが、2000年前後からフランス等の欧州、米国、ブラジル、韓国などの世界各地で広がっています。

当初、有機給食運動は、さまざまな壁に直面しました。たとえば、「慣行農産物でも農薬取締法等を守っているので安全。有機給食は必要ない」「有機食材は高いので、給食費の値上げにつながる。誰が費用負担するのか」「有機食材は供給量が少ないので、安定的に確保できない」「公共調達で有機農家だけを優遇することは適切ではない」等の主張です。

こうした壁を乗り越えるために、有機給食の取り組みを拡大している国では、農薬や遺伝子組み換え食品の健康や環境への影響に関する情報を共有し、有機食品が高所得者のための嗜好品ではなく、誰もが日常的に食べられるものにしなければならないという認識を共有してきました。さらに、有機給食を実現するためのさまざまな工夫をしています。以下では、フランスの取り組みをご紹介しましょう。

法律で有機公共調達を義務化したフランス

フランスでは、マクロン大統領の選挙公約を実現するかたちで、２０１８年にエガリム法が施行されました。この法律は、ネオニコチノイド系農薬の禁止、動物福祉の向上、食品ロスの削減、プラスティック製品の削減など、多様な内容を含んでいますが、なかでも注目されたのが公共調達の改革による有機給食の実現です。この法律により、２０２２年1月までに、公共調達される食材の20％以上（金額ベース）を有機食材とし、それを含めて50％を高品質で産地が明確なものにすることが義務化されました。

これにより、フランスの公共調達における有機食材率は、平均３％（２０１７年）から10％（２０２２年）に伸び、特に学校給食では30％（２０２２年）となりました（図1）。学校給食の有機食材率は、託児所58％、幼稚園・小学校40％、中学36％、高校24％となっていますが、有機食材率が最も低い高校の1食当たりの食材費が最も高く、有機食材率の上昇と食材費の上昇は必ずしも相関関係にはありません。

公共調達における有機率は、すでに１００％を達成した自治体がある一方で、導入が遅れている自治体もあるため、エガリム法が最低ライン（20％）を設定したかたちです。アンケート調査（２０１８年）によると、「有機食材を導入してほしい」という意見は学校給食90％、病院給食80％、介護給食77％、民間の食堂81％にのぼっています。そのため、自治体では有機給食を実現するための予算をつけたり、農家に慣行農法から有機農法への転換を促したり、有機農業の新規就農を支援したり、農業公社を設立して有機農産物を生産したりしています。中央政府も農業省と環境省の共同管轄の有機局や全国給食評議会を設置して、有機給食の実現に必要な調整を行なうとともに、有機農業の生産を拡大するための政策を強化しています。

食材費を上げずに有機食材率を上げる工夫

フランスでは、7割の自治体が有機給食の開始前と開始後の比較で、1食当たりの食材費は同じかむしろ減少しました。1食当たりの食材費は約2ユーロであり、有機食材率が高まっても食材費は上昇する傾向がみられません（図2）。フランスの公共調達では、なぜ食材費を上げずに有機食材率を上げることができたのでしょうか。

フランスで実践しているのは、第一に、安くて栄養価の高い旬の食材を使うことです。たとえば、トマトは加温栽培したものは使わず、5月から9月までしかメニューに入れません。

第二に、値段が高くて栄養価が低く、「おいしくない」と言って子どもたちが残す傾向にある加工食品の利用を減らして、素材から調理するようにしています。調理の手間はかかりますが、調理師（注）の意識改革や研修、工夫によって乗り越えています。これにより、調理師は自身の仕事にやりがいと誇りを取り戻しています。調理師の研修では、有機給食を支援するＮＰＯ法人が重要な役割をはたしています。

第三に、ベジタリアン（菜食主義）のメニューを増やしています。これまで、たんぱく質は肉や魚が中心でしたが、これらは生産のために排出されるCO_2の量が多く環境負荷が高いため、使用する場合はグラム単位で計量して必要最低限の量にしています。代わりに、卵、乳製品、豆類、全粒穀物、野菜からたんぱく質を摂取できるように、メニューを工夫しています。フランスの給食では、2〜3種類の主菜から一つを選べるため、そのうちの1種類をベジタリアンメニューにすることが推奨されています。調査によると、ベジタリアンメニューの導入頻度が高いほど食材費は低く、有機食材率は高くなり、さらに高価な有機食肉の導入頻度が高くなる

図1　フランスの施設別の有機食材率（金額ベース、2022年1月）

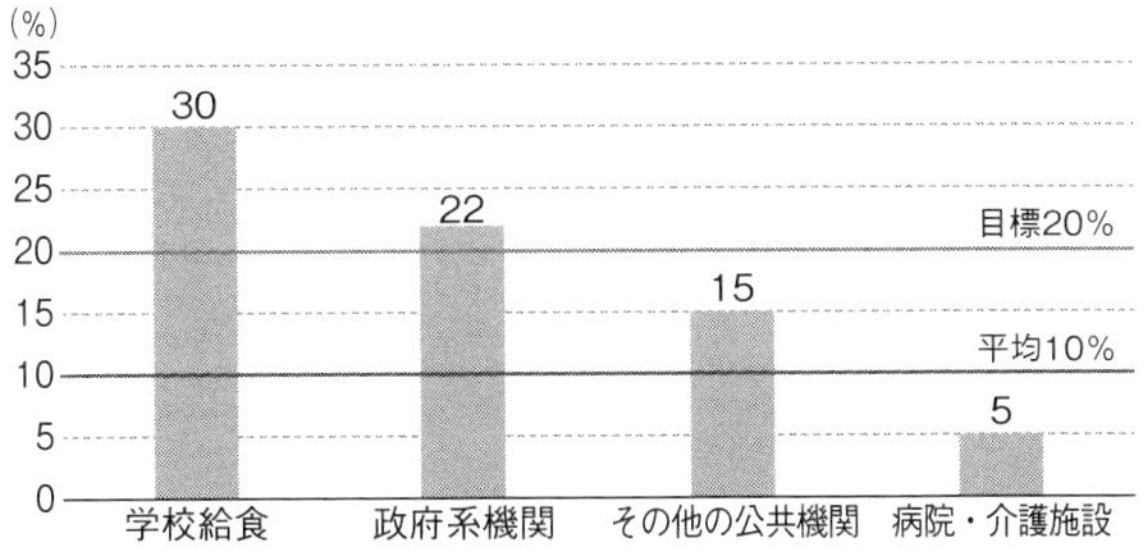

資料：Ouest France(2022年1月31日付)(フランス農務省発表)より筆者作成。

図2　フランスの公共調達における有機食材率と食材費の関係

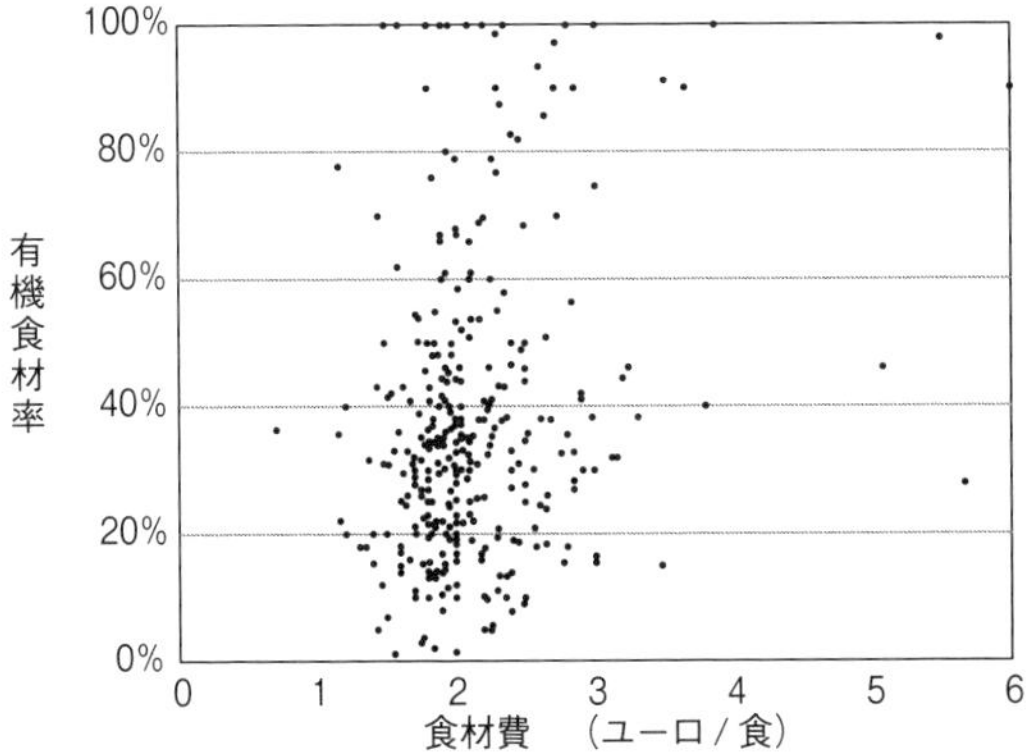

資料：Un Plus Bio (2021) より転載。

図3　ベジタリアン給食の導入の結果

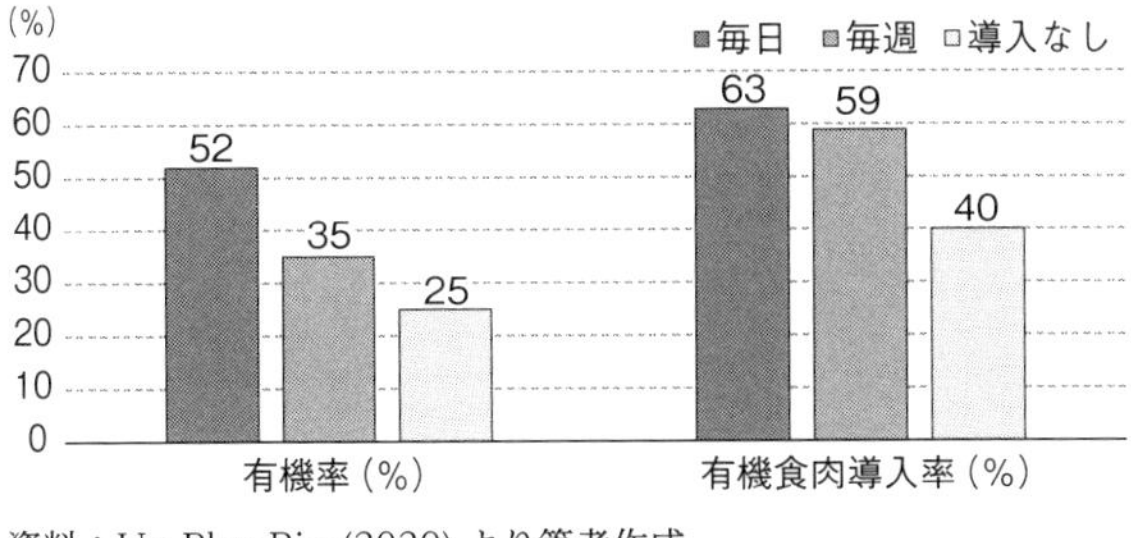

資料：Un Plus Bio (2020) より筆者作成。
注：給食食材費はベジタリアン導入毎日が1.96ユーロ/食、毎週が2.06ユーロ/食、導入なしが2.30ユーロ/食だった。

ことがわかっています（図3）。第四に、食品ロスを削減することで無駄な食材費を削減しています。フランスの学校では昼食を学校給食で食べるか、自宅で食べるかは選択制のため、急な予定変更で食品ロスが出ないように、予約管理を徹底しています。また、盛りつけの量を食べきれる量に減らしたり、子ども自身が盛りつけたりもしています。さらに、フランスでは食肉の焼き具合によって食品ロスが増えるため、個人の嗜好に合った焼き具合にする工夫もしています。最後に、食育を通じて食品ロスに対する問題意識を高めて、残食率を減らしています。

地元産の有機食材を公共調達で買い支えることで、さまざまな社会的課題を同時に解決するために、フランスの取り組みが参考になるのではないでしょうか。

（注）フランスの給食では、衛生規則、食品安全、ＨＡＣＣＰ等の訓練を受けた人が調理を行なうため、本稿では「調理師」と表現している。

PART Ⅲ

Q&A

実現へのハードルをどう越える

PARTⅠでは「有機給食実現に必要なこと」として、「仕組みづくり」と「それぞれの思いを集めること」の二つをあげているが、有機給食の「仕組み」といわれても、何をどう考えたらいいのかわからない方も多いだろう。そこでここでは、有機給食の仕組みをゼロからつくる場合を想定して、よくある質問に答えるかたちで、仕組みづくりのポイントを説明しよう。仕組みがある程度できあがっている場合には、必要な箇所だけを読んでください。

なお、これから話すことは公立の幼稚園・保育園・小中学校を念頭に置いている。私立の場合は、「市町村（行政）」にあたる部分を、「校長（園長）」に置き換えればいいだろう。

現場からの16の問いに答える

谷口吉光（秋田県立大学地域連携・研究推進センター教授）

組織づくり

Q1　有機給食の仕組みってどんなもの？

有機給食を実現するには、関係者が集まって「チーム」をつくる必要がある。関係者というのは、有機農産物（米、野菜、果物、大豆など）を生産してくれる農家、給食を提供してくれる幼稚園・保育園・小中学校、給食を調理してくれる栄養士と調理員、給食を食べる子どもたち、保護者、議員、市町村（首長と職員）などである。

チームのイメージ図を載せたので見てください（次ページの図1）。中心にある「有機農業推進協議会」というのがチームで、そこにどんな関係者が参加すればいいかを書いてある。チームの名前は「有機給食を進める会」などでもいい。どんなチームになるかは地域ごとに違うだろうから、本書で紹介されている各地の事例を参考にして、

図１　有機給食にかかわる人と組織の関係（原図：谷口吉光）

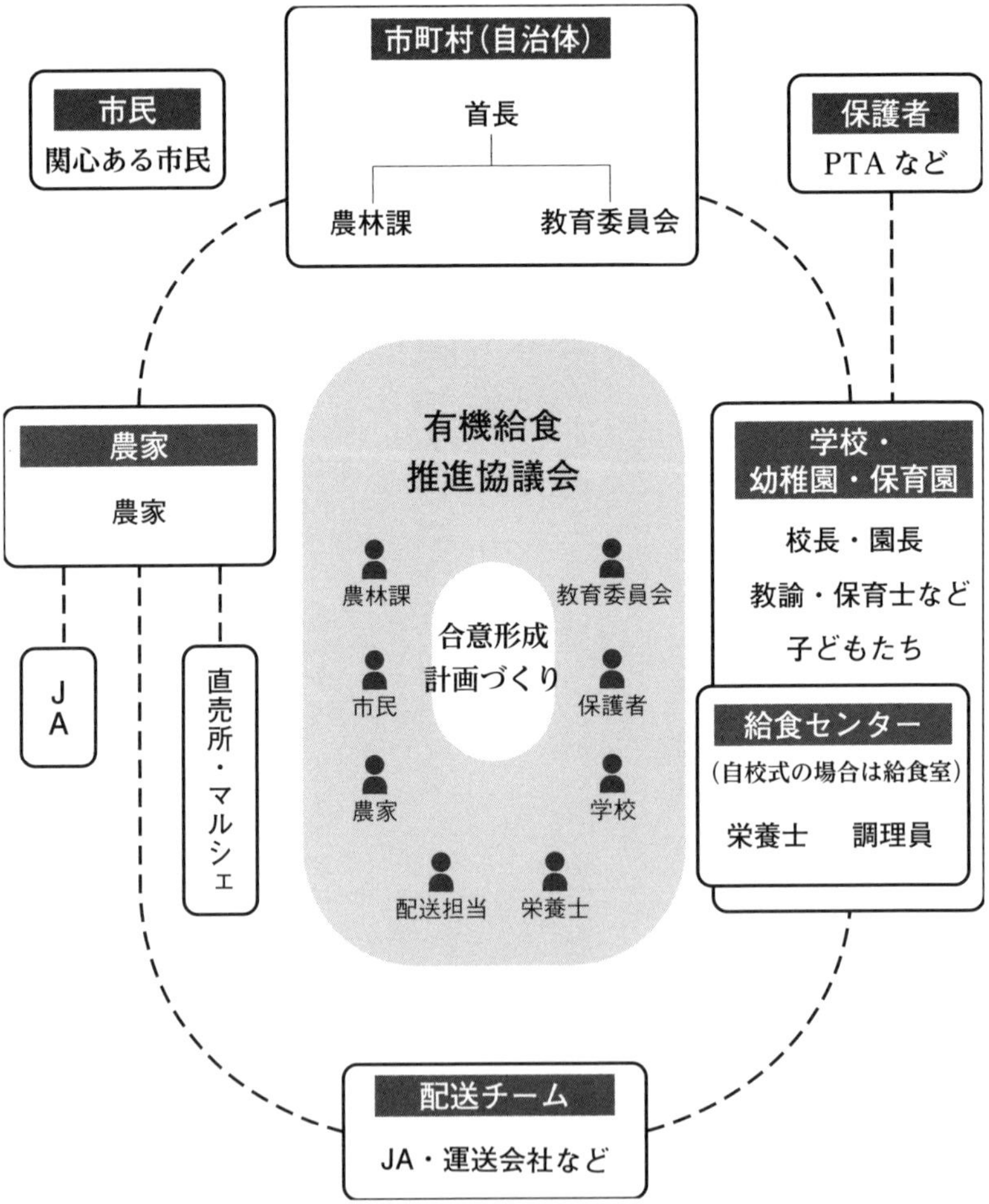

皆さんの地域にあったチームをつくってください。

このチームには二つの使命（ミッション）がある。一つはジャンルを越えた人びとの思いを集めて有機給食を実現する流れをつくること。もう一つは実際に有機農産物を給食に供給する仕組みをつくることだ。

公立の保育園・幼稚園・小中学校の場合、有機給食をやるかどうかを決めるのは市町村の首長（市長、町長、村長）だが、「首長がトップダウンで決めれば有機給食はできる」と簡単に考えてはいけない。きちんとした仕組みをつくらずにトップダウンで決めても、その後で関係者が苦労するだけなので、関係者でよく話し合って、ある程度仕組みがてきあがってから首長に決断してもらうほうがいいだろう。また、トップダウンに期待しすぎると、「行政頼み」になって、無責任体制へとつながる危険もある。

「配送チーム」とは、農家から給食センター（自校式の場合は調理室）に農産物が安定して届けられる仕組みのことをいう。これについてはQ７で詳しく説明する。

Q2　仕組みづくりは何から始めたらいいの？

あなたの地域で有機給食を始めようとする場合、まず一緒に考えて行動してくれる仲間を見つけよう。１人で行動してもいいが、仲間がいたほうが楽しいし、心強い。自治体などに相談するときも複数で行なったほうがより社会性のある団体だと見てもらえるだろう。身の回りの友だちや知り合いに話してみてはどうだろうか。

仲間が見つかったら、地域のなかに有機給食に賛同してくれる人がどのくらいいるのかを調査（リサーチ）しよう。地域の農家、幼稚園や保育園、小中学校、教育委員会、役所（農林課）などを訪問して、「この地域で有機給食を導入することについてどう思うか」と率直に意見を聞いてみるのだ。「賛成してくれる人なんかいるわけない」と決めつけずに、足を運んであなたたちの気持ちを丁寧に説明してみたらいい。みどりの食料システム戦略（囲み参照）が出たことなどもあるから、思いもしないところに賛同者が見つかるかもしれない。

もう一つ調査が必要なのは、地域に有機農家がいるかどうかだ。市町村の農林課や都道府県の農林水産部が情報をもっているかもしれない。あるいはインターネットで、あなたの町の名前に「有機農業」と入力して検索するか、自然食品店、オーガニックレストランやカフェがあれば、そこで聞いてみればいい。いるとわかれば、会いに行って「有機給食に農産物を出荷する気がないか」と聞いてみることだ。

ほとんどの有機農家は有機給食に興味をもつと思うが、なかには高齢だったり、自分だけでは必要な量や品目が満たせないという場合もあるだろう。出荷は難しいと言われても、有機給食に興味があるのならぜひ仲間に入ってもらうようにお願いするべきだ。有機給食には農家でなければわからない課題がたくさんある。有機農家の知識と知恵が役に立つ場合がきっとあるはずだ。

賛同者が見つかったら、全員で集まって、どうしたら有機給食を実現できるか話し合いを始めよう。運がよければ、強力な賛同者が見つかってトントン拍子に話が進むかもしれないが、逆に賛同者が見つからずガッカリする結果になる可能性もある。でもどんな結果になっても一喜一憂してはいけない。どんな結果でも次の行動は始められる。どこから始めるかのスタートラインが変わるだけだ。

賛同者が集まらなかったらスタートラインを下げて、有機農業や有機給食の理解者を増やすために学習会や講演会を何回か開いて、仲間に入ってくれるように呼びかけよう。あるいは、有機ではないが地元の農産物を給食に納めている農家・加工業者に話を聞きにいくことも一案だ。とにかくあきらめずに粘り強く訴え続けよう。

■みどりの食料システム戦略

日本の農林水産業と食品産業から発生する環境負荷を大幅に減らすことを目的とした農林水産省の政策。２０２１年５月に策定された。農業分野では２０５０年までに「農林水産業のCO_2排出量を実質ゼロ」「化学農薬の使用量を50％削減」「化学肥料の使用量を30％削減」「有機農業を１００万ha（全農地の25％）に拡大」という四つの数値目標が掲げられている。有機農業を軸に日本農業全体を持続可能な方向に転換させようという大きな意義をもっている。

Q3　市町村にお願いしたらいいのでは？

ここまで読んできて、「どうして私たちがここまでしなければならないのか。市町村にお願いすればやってくれるのではないか」と思う人がいるかもしれない。

確かにそういう市町村もあるだろう。もともと首長が有機給食をやりたいと思っていて、優秀な職員がそろっていればできないことはない。みどりの食料システム戦略で「オーガニックビレッジ」という補助事業があるが（囲み参照）、２０２２年６月時点で全国で51の市町村が名乗りを上げている。こういう市町村のなかには有機給食に取り組もうとしているところもある。

でも、一般的には、有機給食の仕組みをつくるのは市町村の職員だけではかなり難しい。理由は三つほどある。第一に、有機農業は農林課の管轄だが、これまで農水省は農薬と化学肥料の使用を当然とする慣行農法を進めてきたので、有機農業を理解している職員があまりいないと思われる。

第二に、有機農業は農林課、給食は教育委員会と仕事が縦割りに分かれていて、両方の部署がうまく連携しなければならないが、ふつうは農林課の職員は給食のことを知らず、教育委員会の職員は農業のことを知らない。それが連携するとなれば、相手のことも勉強しなければならないから、業務は倍になる。まして農林課の職員が有機農業をよく知らないとなれば、失敗するリスクは高いかもしれない。

第三に、公務員には異動という宿命がある。仮に担当職員が一生懸命取り組んでくれて、いい仕組みができたとしても、数年後にその職員がほかの部署に異動して、仕組みが途中からうまく回らなくなる可能性もある。

だから、市町村にまかせてもうまくいかない可能性が高い。仮に「やります」という返事をもらっても、その後に「うまくいきませんでした」という結果になるかもしれない。それは市町村という組織の限界なので、職員を責めても問題は解決しない。それなら、Q1で説明したように、市民が有志でまず「進める会」を立ち上げて、その会に市町村も入って正式な協議会を設立するという二段構えのほうがうまくいくだ

■オーガニックビレッジ

みどりの食料システム戦略の一環として推進されている補助事業。市町村が主導して、農家だけでなく事業者や市民を巻き込みながら、有機農業の生産・加工・流通から消費までを一貫して推進することが条件とされている。これまでの有機農業の補助事業と違って、有機農産物の地域内消費を含む「有機農業の地産地消」を推進し、そのために有機給食への支援が可能になっている点に特徴がある。

ろう。本気でかかわる市民は市町村職員のつなぎ役になるだろうし、異動することもないから、継続して仕組みを動かすことができるだろう。

生産と流通

Q4 有機農家がいない、有機農業に興味をもつ農家がいないときは？

探してみたが、地域に有機農家がいなかった、あるいは有機農業をやってみたいという農家がいなかったとしたら、どうしたらいいだろうか。

その時はQ２の最後で書いたように、スタートラインを一段下げて、有機農業や有機給食に関する学習会や講演会を開き、市町村やＪＡをとおして、できるだけたくさんの農家に参加してもらい、改めて有機給食に参加してくれるように呼びかけるのがいい。

ただし、農家が参加しやすいように、次の点を考えておくことが重要だ。

農薬や化学肥料をふつうに使う農業を「慣行栽培」という。大部分の農家は慣行栽培を行なっている。農林水産省が長い間「農薬は使い方を間違えなければ安全だ」だと言い続けたので、大半の農家はその言葉を信じてきた。

だから、慣行農家に「なぜ有機農業に取り組まないのですか」と詰め寄ってもたぶんうまくいかない。慣行農家だって好きで農薬を使っているわけではない。使わなくてもいいなら止めたいと思っている人も多い。そこで、次の疑問に答えるかたちで話してみてはどうだろうか。

疑問1　なぜ農薬や化学肥料を使ってはいけないのか。自分たちはちゃんと使い方や基準を守って使っている。

この質問にはいろいろな答え方がある。化学肥料を使うこと自体が病害虫を増やしている。化学肥料の使いすぎが地球のチッソやリンの循環を破壊している。農薬については人体への危険性、生物多様性への悪影響などが考えられる。本書のコラム1（34ページ）やブックガイド（195ページ）も参考になる。皆さんのチームでも勉強して、皆さんなりの答えを見つけてください。

疑問2　どうやって有機農業をやればいいのかわからない。

これは技術指導の問題だ。Q5で説明する。

疑問3　穫れた農産物を誰がいくらで買ってくれるのか。

Q6で説明する「農産物使用量一覧表」を見せて、学校給食で買える作物の数量と価格を提示しよう。一覧表のなかに自分がつくっている（あるいはつくれる）作物があれば、その数量と価格を見てメリットがあれば、農家は考えてくれるかもしれない。

疑問4　失敗して減収したらどうしてくれるのか。

農家には生活がかかっているので、減収への対応は真剣に考えてあげる必要がある。一つの方法は病害虫が少ない時期につくってもらう。二つめは小さな面積から始めて徐々に広げてもらう。三つめは買取価格を高くして、多少減収があっても価格でカバーできるようにする。

これらの疑問に答えるとともに、有機農業に取り組むおもしろさなどを熱心に説明して、「一緒にやりませんか」とお願いしてみよう。皆さんの熱意が農家の心を動かすかもしれない。

Q5　有機農業に興味をもつ農家がいるが、栽培技術を教えてくれる人がいない

これまでの有機農業の常識では、栽培技術は先輩の有機農家に新人農家が学ぶものと

されてきた。しかしそれでは、近くに有機農家がいなければ広げようがないという話になってしまう。でも安心してほしい。現在では有機農業の技術を学ぶ方法はいろいろある。大きく分けて「民間の指導機関」「国や地方自治体の研究・普及機関」「文献・ネット」の三つの方法がある。

たとえば、千葉県いすみ市で給食向けの有機米の生産に最初に取り組んだのは慣行栽培をしている米農家であったが、民間稲作研究所の故・稲葉光國さんから、有機栽培の除草技術などの指導を受けたことで、生産が軌道に乗った。

長野県松川町でも、松本市にある民間指導機関である公益財団法人自然農法国際研究開発センターから指導員を派遣してもらい、実証圃場で米、ジャガイモ、ニンジン、タマネギ、長ネギの5品目を栽培しながら土づくりを学ぶことから、給食向けの生産をスタートさせている。

この2例では「民間の指導機関」が有機米や有機野菜の栽培技術の習得に大きな力を発揮したが、「国や地方自治体の研究・普及機関」や「文献・ネット」からの情報も力になるであろう。

詳しくは巻末に有機農業・有機給食関連のブックガイド（195ページ）と関連サイト（199ページ）を載せたので参考にしてほしい。

Q6　どの作物から手をつけたらいいかわからない

農産物（米、野菜、果物など）をどのくらい生産するかを考える前に、皆さんの学校の給食でどんな農産物をどのくらい使っているのかを知ることが必要だ。栄養士にお願いして、学校の給食で1年間に使われる農産物の数量を作物別・月別にまとめた「農産物使用量一覧表」を作成してもらおう（表1参照）。すでに作成している学校も多いだろう。

米は、前の年の秋に収穫したものを貯蔵して、1年間好きな時期に使えるから簡単だ。複雑なのは野菜だ。種類も多いし、収穫時期も違う。だからここでは野菜について説明しよう。

農家に「一覧表」を見せて、自分が出荷できる作物の数量を月別に提案してもらう。「自分はタマネギを5月から10月まで毎月１００キロ出せる」というように。何をつくろうかと迷ったら、給食でよく使われるジャガイモ、ニンジン、タマネギから始めたらいい。使用量も多いし年間をとおして使われる。また根菜類は保存がきくのもメリットだ。

農家全員から出荷提案を出してもらって、それをまとめたら、その年の作付計画はできあがりである。なぜ出荷計画を「月別」に出すのかというと、栄養士は月ごとに給食の献立を考えるからだ。翌月にどんな有機野菜がどのくらい生産されるのかを見ながら、

表1　農産物使用量一覧表（例）（1,129食、単位：kg）

	タマネギ	ニンジン	ジャガイモ	ダイコン	ピーマン	サトイモ	キュウリ	キュウリ（本）	レタス	トマト	トマト（個）	プチトマト（パック）	ナス
4月	288	131	178	74	0	0	160	0	38	40	0	0	0
5月	424	408	383	129	29.5	0	184	0	84	13	192	0	0
6月	558	353	277	97	21	0	206	0	47	27	0	140	46
7月	302	193	34	43	20	0	106	48	49	37	0	142	93.5
9月	431	308	97	92	19	38	150	0	90	13	285	0	57
10月	493	357	332	129	5	136	167	0	65	33	0	138	0
11月	395	290	171	152	53	126	130	58	62	9	0	131	40
12月	397	253	147	70	26	74	114	49	42	0	192	0	9
1月	348	286	181	200	24	113	114	0	69	24	0	0	0
2月	738	355	398	116	22	122	138	0	63	12	0	165	0
3月	383	317.5	180	127	20	0	112	49	56	12	0	67	0
合計	4,757	3,151.5	2,378	1,229	239.5	609	1,581	204	665	220	669	783	245.5

出所：安井孝（2010）『地産地消と学校給食』コモンズ、p.38

有機野菜が引き立つ献立を考えてくれるのである。

そのときに、野菜の規格について取り決めておく必要がある。給食では機械で野菜の皮むきをするので、規格に合わないと調理員に負担をかけることになるからだ。

さて、そうやってつくった「一覧表」はどのくらい埋まっただろうか。農家が提案した生産量では全然足りない作物がまだたくさんあるのではないだろうか。

愛媛県今治市の安井孝さんによれば、「学校給食でよく使われる野菜はジャガイモ、ニンジン、タマネギ、ダイコン」などで、1000人規模の給食だとそれぞれ年間3～4トン使い、それを生産する農地は1品目30から40アール必要だという。学校によって数字の幅はあるので、一つの目安と考えてほしい。

地元産の有機野菜が足りない場合には、当面慣行栽培の野菜で間に合わせるとしても、できるだけ早い時期に、地元産の有機野菜に切り替えていけるように、将来を見越した生産拡大計画を併せてつくることを勧めたい。

現在の有機農家には栽培品目を増やしてもらうようにお願いしながら、地域の慣行農家に有機栽培に挑戦してくれるようにお願いするという地道な努力がとても大切だ。ただ、Ｑ４で述べたように、慣行農家が初めて有機栽培に取り組むにはさまざまなリスクがあるので、病害虫の少ない時期に栽培してもらうなど取り組みやすい配慮をしてほしい。

本書で紹介した島根県雲南市木次町のように家庭菜園の延長で農家を集めたり、長野県松川町のように遊休農地を耕作する「ゆうき給食とどけ隊」を組織したりというように、自給野菜をつくっている農家や、家庭菜園で野菜をつくっている市民に声をかけるという手もある。こういう人は無農薬で栽培している人が多いからだ。

ただ、都市部でどうしても農家が見つからない場合もあるだろう。その場合には周辺の市町村まで範囲を広げて探したらいい。「地元」の範囲をあまり狭く限定せずに、小さな範囲で見つからなければ、もう少し大きな範囲に広げて考えていい。

Q7　農産物の配送や代金の支払いはどうすればいいの？

作付計画ができたら、次に、収穫される野菜をどうやって給食センター（自校方式の場合は学校の給食室）に届けるのかをあらかじめ考えておかなければならない（給食センターについてはQ10で触れる）。

この作業は大きく注文、配送と代金の支払いに分けられる。農産物流通の基本だから、JAや流通会社の人ならどんな作業なのか想像できるだろう。ここでは一般的な作業の手順を説明するが、お金がからむので、正確に記録をつけ、間違いのない処理をする必要がある。

(1) 注文

作付計画には月ごとに使用する野菜の種類と数量が書かれているが、本当にその量を出荷できるのかを知るために、農家は翌月に出荷できそうな数量（予想出荷量）を栄養士に報告する（栄養士の役割についてはQ11で説明する）。

そのために毎月1回農家と栄養士が集まるといいだろう。栄養士は予想出荷量を聞き取ったら、1日ごとに必要な野菜の数量を農家に伝える。このとき、天候などの理由で作付計画より足りない場合や穫れすぎる場合があり得るので、農家間で調整する必要がある（Q８で詳しく説明する）。これは工業製品のように計画生産ができない農業の宿命である。

（2）配送

出荷当日に、決められた数量の野菜を誰が給食センターに届けるのかを決めておく必要がある。納品時刻はふつう朝8時頃である。農家自身が届けるか、誰かが代わって届けるかを決める。出荷する農家の数、給食センターまでの距離、自動車をもっているのか、野菜の種類と数量を書いた書類（伝票）を発行して管理できる能力があるのかなどの条件をよく考えて決める必要がある。

配達する人をお願いする場合には、毎日のことなので、ボランティアではなく、謝礼と燃料費を支払い、万一の交通事故のための損害保険に加入させるなどの手当てが必要である。

（3）代金の支払い

毎月、出荷した数量に応じて、農家に代金を支払う必要がある。農家が給食センターに請求書を提出し、それにもとづいて市町村から農家に代金が支払われる。

Q8 農産物が余ったり足りなくなったときは？

Ｑ７で説明したように、農産物の生育は天候に左右されるので、計画どおりに収穫できないことが多い。その場合はどうしたらいいのか。不足した場合と余った場合に分けて説明しよう。

不足した場合 同じ作物を有機栽培している農家がいれば、農家同士で融通しあうという方法がある。これができれば一番いい。あるいは、似たような作物を有機栽培している農家がいれば、栄養士と相談してそちらに切り替えるという方法もある。毎月１回農家と栄養士が集まる場をつくっておくと、数量調整はしやすい。島根県吉賀町では毎月開かれる農家の会議に栄養士が出席している。

それでも不足分を補えない場合には、学校給食会やＪＡなどをとおして慣行栽培の農産物を購入するしかない。そのときは、一つの献立に使う農産物に有機栽培と慣行栽培が混ざってしまうことになる。ふつうの農産物流通なら、有機と慣行が混ざった農産物は「有機ではない」と切り捨てられてしまうだろうが、給食ではそんな杓子定規に考える必要はない。「農産物は工業製品と違って、予定どおりには収穫できないこともある」

ということを教える食育の材料として前向きに考えることを勧めたい。
不足を避ける手堅い方法は、作付計画より少し多めに作付けすることである。そうすれば足りなくなるリスクは減るが、逆に余ってしまうリスクが大きくなる。

余った場合　これも不足した場合と同じように、農家同士で融通しあうとか、栄養士と相談してその野菜を使った献立を増やしてもらうなどの対応ができれば一番いい。

しかし、もっと大きな視野で考えて、有機給食の仕組みをつくるときに、併せて地域のなかに有機農産物の直売所やマルシェをつくることを勧めたい。そうすれば、農家は余った野菜を直売所に持ち込むことができる。

でも、直売所やマルシェにはもっと積極的な意味もある。有機給食で子どもが地元産の有機農産物に親しむようになると、保護者のなかには有機農産物に興味をもって、家でも使いたいと思う人が増えてくるだろう。実際、前述した木次町では、給食で食べている野菜を買いたいという保護者が出てきた。

そのとき、地元で手軽に有機農産物が買える場所として直売所やマルシェをつくっておくのだ。あるいは、理解あるスーパーや八百屋がいれば、店のなかに有機コーナーを設けてもらうのもいい。こうして、有機給食をきっかけにして、有機農業の地産地消が広がっていけばすばらしい。

Q9 地元産の有機農産物を給食に使うと、何が変わるのか？

これまでは有機給食の仕組みについて、おもに農家側から説明してきたが、ここから先は給食を提供する給食センター（自校式の場合は給食室）と学校の役割について説明しよう。ここに登場するのは、栄養士、調理員、校長先生や教頭先生、先生（教諭）たち、そして子どもたちだ。

学校関係者に知っておいていただきたいのは、有機給食は学校と地域とのつながりを活性化させる起爆剤になるということである。一つの意味は地産地消給食（地場産の食材を給食に使う取り組み）の活性化である。地産地消給食は全国で行なわれており、地場産農産物の使用目標を定めている自治体も多いだろう。しかし、始まってから時間がたって、農家が高齢化したり、取り組みがマンネリ化するなどの壁にぶつかっている自治体もあるようだ。有機給食に取り組むことで、新たに地域の有機農家とのつながりができ、学校に新たな風を呼び込むことができる可能性がある。

二つめは、有機農業は土づくり、生物多様性、食の安全安心、いのちの大切さなどの取り組みを行なっているので、学校教育と連携した新たなプログラムをつくりだすことができる。それは新しいタイプのふるさと教育や環境教育ということもできる。教室に有機農家を招いて話を聞いたり、子どもたちを田畑に連れていって農作業を体験させたり、水生生物や昆虫の観察などをさせるというプログラムはどうだろうか。たとえば、福島県喜多方市熱塩小学校では有機米給食と学校田の活動をつないでいる。

　いずれにしても、教育と給食を組み合わせて実施すれば、その教育効果はどちらかを単独で実施するよりはるかに大きい。子どもたちが有機給食の意味を深く理解すれば、それを家に帰って保護者に話すだろう。それを聞いた保護者が学校給食や農業に興味をもち、家庭での食生活や地産地消について考えるようになる可能性がある。

　千葉県いすみ市の鮫田晋さんは「学校給食で使う米をすべて有機米に変えるのは極端に難しい話ではない。全水田面積の５％の有機米があれば、すべての学校給食で有機米を使える。これが実現すれば、この子どもたちが大人になったとき、すべての大人が有機・オーガニックを食べた経験があるということになる」と発言している（２０２２年10月26日「全国オーガニック給食フォーラム～有機で元気！～」での発言）。

　確かに新しい挑戦だが、最初は「年に1回有機米給食の日を設ける」くらいの小さな取り組みでも構わない。学校と地域が本当の意味でつながり、地域の力を借りることができれば、学校の負担を抑えながら、大きな効果を上げることができるだろう。

Q10 センター方式でも有機給食は実施できるの？

学校給食には、学校ごとに給食室が設けられている「自校方式」と、複数の学校の給食をまとめて1カ所のセンターでつくる「センター方式」がある。これまで「有機給食に取り組むには自校方式でなければ無理」といわれてきたが、実際にはどうなのだろうか。

ここで興味深いデータを紹介しよう。表2は、NPO法人全国有機農業推進協議会（全有協）の「学校給食を有機に！」ワーキンググループが行なっている有機学校給食の全国調査で、有機給食の調理場所が「自校方式」か「センター方式」かを聞いた結果である。これを見ると、「センター方式」が15カ所に対して「自校方式」は5カ所と圧倒的にセンター方式が多いことがわかる。

調査を取りまとめた吉野隆子さんは、「(有機給食の)先進地の愛媛県今治市・大分県臼杵市・千葉県いすみ市でもセンター方式で対応していることから、センター方式でも取り組み可能であることがわかる」と述べている。つまり、上手な仕組みをつくることができ

表2　有機給食の調理場所

方式	件数
センター方式	15
自校方式	5

出典：吉野隆子「学校給食有機化にかかわるアンケート中間報告」『有機農業研究』第14巻第1号、2022年、p.19-20

れば、センター方式でも有機給食は取り組み可能だといえる。

ただ、最近の給食センターの状況を見ると、「センターでも有機給食はできる」と簡単に言い切ることはできない。たとえば6000食を超える規模になると、時間内に下処理が終わらないため冷凍野菜やカット済み野菜を多用せざるを得ないという問題がある。あるいは給食センターの調理員を民間委託する例が増えているが、待遇が悪いため離職率が高く、基本的な調理技術をもった調理員を確保できないという深刻な問題もある。現状の給食を提供するだけで精一杯で、新たな取り組みには対応できないという現場も少なくない。有機給食の実施においては、給食センターが抱える問題にも目を向け、関係者が協力して解決にあたるという姿勢が必要である。

Q11 栄養士はどんな役割を担うことになるの？

栄養士は有機給食の仕組みのなかで要《かなめ》にあたる大切な仕事である。栄養士は、栄養価、子どもたちの好み、季節性、行事、給食費の予算、調理時間、衛生的な作業工程などたくさんの条件を考慮しながら毎日の給食の献立を立て、食材の注文、納品、調理、片付けに至る全体を統括する責任者である。それに加えて、食育や個別の栄養指導なども担当している。

実は、多くの栄養士はこれまでも地場産農産物を給食で活用するために地域の農家に出向いたり、生産調整や規格などを話し合う会合に参加したり、地域の業者と連携するという経験を積んできている。学校給食法の第二条にも、学校給食の目標として「生命及び自然を尊重する精神ならびに環境の保全に寄与する態度を養う」「伝統的な食文化についての理解を深める」「食料の生産、流通及び消費について正しい理解に導く」などが明記されている。

こうした経験をもつ栄養士には、有機給食の仕組みは地産地消給食の仕組みと共通する点が多いと感じるだろう。異なるのは次の点である。

まず、農産物の発注─納品ルートに加えて、地元産の有機農産物を購入するルートが増える。有機農産物は収穫量が予想しづらく、規格も不揃いになりがちである。そのため数量調整や作物変更なども頻繁になるおそれがある。

日々の業務では、規格外の野菜が皮むき機に入らず、調理員が手でむかなければならないなど追加的業務が生まれる可能性がある。土や虫が給食に混ざってしまい苦情がくる心配もある。

ただ、栄養士や調理員に負担がかかりすぎると長続きしないので、有機給食の関係者は栄養士の負担をできる限り軽減するような仕組みをつくっておく必要がある。公立の保育園・幼稚園・学校の場合、栄養士は公務員だから、何年か経つとほかの職場に異動する。そのことを考慮して、次の栄養士にも引き継げるように、業務のマニュアル化にも努めなければならない。

こうした面倒もあるが、有機給食は地産地消給食の次のステージであると考えられるので、栄養士にとって自分の仕事に新たな付加価値をつけるという機会と受け止め、前向きに取り組んでいただけることを期待したい。

Q12 有機食材の価格を給食費では払えない？

給食費は最近値上がりしているが、1食当たり300から350円程度といわれている。今治市の安井孝さんは「牛乳、米とパン、水産物、畜産物、加工品と調味料、野菜などの6つの品目にかかる費用はそれぞれ給食費のほぼ6分の1にあたる」という「6分の1の法則」を提唱しているが、その通りだとすれば、米とパンの食材費は約50円、野菜なども約50円ということになる。この金額では高価な有機米や有機野菜を購入することはできないことから、長い間、給食に有機農産物を導入することはできないというのが通説だった。

それを打ち破ったのが千葉県いすみ市だ。生産者価格と給食費の差額を市の単独予算で補塡して、地元産の有機米を全量買い上げ、市内の学校給食に提供するという思い切った政策を実行した。その結果、いすみ市の学校給食の米は全量地元の有機米になるとい

表３　価格差への対応

自治体の補塡・補助金の活用	11
提供することが目的なので金額が高くても他の食材で調整して使用	3
特に何もしていない	2
年間統一価格で農家に対応してもらっている	1
直売所仕入れ（直売所の価格の範囲内で対応）	1
大きな差額はない	1
記載なし	1

出典：吉野隆子「学校給食有機化にかかわるアンケート中間報告」『有機農業研究』第14巻第1号、2022年、p.20

う人口２０００人以上の自治体では全国初の快挙を成し遂げた。

しかし、前出の全有協の全国調査で「価格差への対応」を見ると、「自治体の補塡・補助金の活用」という回答が半数以上であったから、いすみ市が例外ではない（表３）。

ここで見落としてはならないのは、農家に支払う農産物の金額（生産者価格）をどう決めるかという問題だ。基本になるのは、有機農家がやる気になる価格でなければならないということだ。また有機農業では農薬を使えないため、病害虫被害で減収するリスクが高いぶん、減収リスクを価格に含めることも必要だ。しかし、同時に、病害虫の少ない旬の時期に栽培して価格を抑えるという努力も欠かせない。

自治体の補塡とはいっても、実際の金額は有機給食の回数、購入する農産物の種類と数量によって年間数万円から数百万円までの大きな幅がある。最近では、農林水産省の「オーガニックビレッジ」のように、補助金で差額を補塡できる事業も登場している。

Q13 有機給食を導入して子どもにどんな効果があるのか？

一口に有機給食といっても、実際の取り組みは多様であるが、「給食がおいしくなったので、食べ残しが減った」という話はよく聞く。それを示す客観的なデータとして、千葉県いすみ市における学校全体の残食率の推移を紹介しよう（図2）。いすみ市では2015年から地元産の有機米を学校給食に使用し始め、2017年には給食の有機米比率は100％になったが、この頃から残食率が減少し始め2017年の13・9％から2020年には9・5％まで減っている。

給食の残食が多いというのは給食現場の悩みのタネなので、有機給食がその解決になるのなら朗報といえる。それに加えて、農業体験、農家との交流などの教育活動を絡めることによってさまざまな影響があることが報告されている。

喜多方市熱塩加納町（旧熱塩加納村）の二つの小学校では1979年から「さゆり米」（有機米）による週5日の米飯給食が始まり、1989年からは「まごころ野菜」（地元産有機野菜）によって副食もまかなわれるようになった。2006年の喜多方市に合併後も熱塩加納町の小中学校3校では有機給食の伝統が引き継がれている。その一つ、加納小学校の伊達明美校長の報告（79ページ）によれば、加納小では給食時間にその日の食材の生産者名が紹介され、その顔を思い浮かべながら「ごちそうさま」の挨拶をしているという。また年に一度は生産者を呼んで「招待給食」を行ない、野菜づくりについて質問しながら、食の安全や大切さ、食べものを育てることの意味を学んでいく。

さらに喜多方市内の全小学校では「総合的な学習の時間」に「農業科」として農業体験をとおした学習が行なわれているが、加納小学校では学校田で5、6年生が有機もち米を栽培し、赤飯にして地元のお年寄りに届けている。学校田では夏と秋にJAの人を講師に「田の生き物調査」を行ない、旧給食室を再生した「農業科ミュージアム」がこのような学習や発表の場となっている。生産者の顔が見える有機給食を通して、小学生と地元生産者との交流が生まれ、農業体験とあいまって、食や環境への理解を深め、地元の田畑を守っていきたいという地元愛も育っていくのである。

図2　いすみ市における学校全体の残食率の推移（年平均）

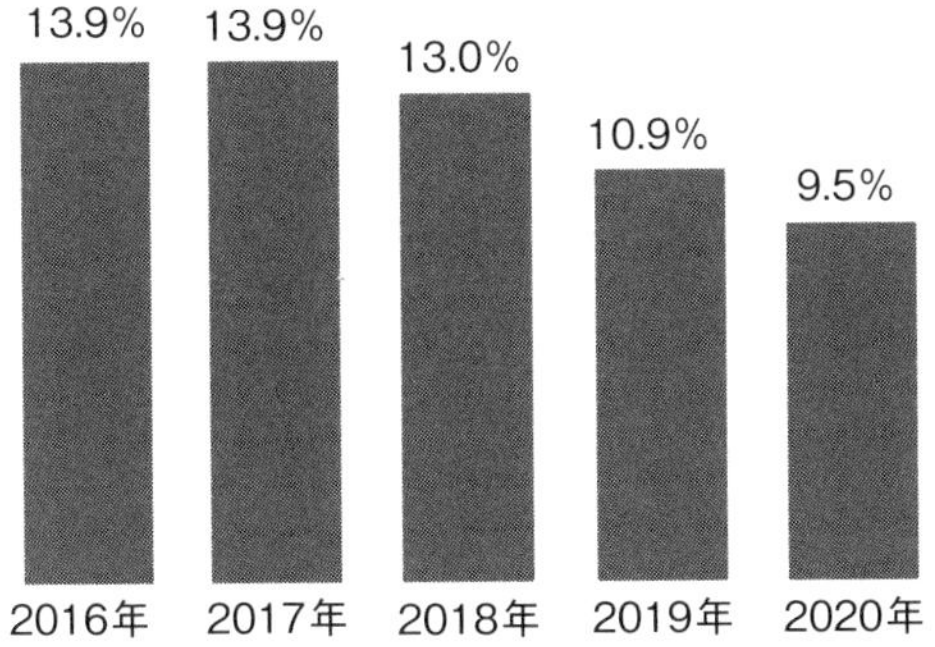

出典：鮫田晋「いすみ市における有機米の学校給食使用と有機米産地化の取り組みに対する自己分析」『有機農業研究』第14巻第1号、2022年、p.31

市町村行政

Q14　有機給食に行政はどんな役割を果たせるのか？

ある地域で有機給食を実現するには市町村のかかわりが欠かせない。第一に公立の保育園・幼稚園・学校の給食は市町村の教育委員会の管轄だから、教育委員会の承認が必要である。第二に、有機給食で使う有機農産物の生産推進を農林課が認める必要がある。第三に、教育委員会と農林課が連携して有機給食を推進するためには、首長と議会の承認が必要になる。

関係者がこぞって有機給食に賛成すれば問題はないが、反対意見が出ることもあるだろう。想定される反対意見を二つ選んで、それにどう答えたらいいのかを考えてみよう。

反対意見1　国が決めた基準を守っていれば、農薬や化学肥料には問題はないはずだ。

この意見は給食関係者からも農業関係者からも出てきそうだ。どの地域でも農家の大部分は慣行栽培を行なっているから、行政が「有機農業を推進したい」といえば、慣行農家から「行政はわれわれ慣行農家を否定するのか」という反発が生まれるのは当然なのである。この意見に対して、安全性やおいしさをもちだしても水掛け論に終わってしまう。それではどうしたらいいのだろうか。たとえば、Ｑ４で述べたように、「慣行栽培は持続可能ではない」ということを説明する。実際、農水省自身がみどりの食料システム戦略を策定して農薬や化学肥料の大幅削減を打ち出している。「基準を守っていれば、農薬や化学肥料を使っても問題ない」という考え方から大きく踏み出してみてはどうだろうか。

反対意見2　給食費は限られているので、値段が高い有機農産物を使うことはできない。

この意見には「給食は低予算でつくればいい」と「有機農産物は高い」という二つの固定観念がある。「給食＝低コスト」というのは給食関係者に共有された考え方のようだが、学校給食法の趣旨に立ち返って、子どもにとって望ましい食事を提供するという視点に立ってこの問題を考え直すべきである。

また「有機農産物は高いかどうか」という点については、Ｑ６で説明したように、具体的な使用計画を立てながら、有機給食の回数、使用する有機農産物の量と価格を確認して、余分にかかる金額を試算してから改めて考えてみてはどうだろう。Ｑ12で述べたように、有機農産物の価格と給食費の間の価格差を行政が一般予算で補填している自治体は増えているし、農水省の補助事業を活用する方法もある。

Q15 有機給食はその地域にどんな影響を与えるのか？

有機給食は地域づくりにもよい影響を与えることが報告されている。

（1）地域の人と人をつなぐ

Ｑ１で述べたように、有機給食を実現するには、さまざまな関係者が集まって協力する仕組みをつくらなければならない。それがうまくいけば、ＲＡＲＴＩで靏理恵子さんが述べたように、「地域農業と有機農業、地産地消をつなぐのが有機給食である」とか、「学校給食、とりわけ有機給食は、子どもを真ん中に、多様な人びとをつなぎ、地域を豊かにするきっかけ（契機）となるものである」という理想に近づくことになるだろう。

（2）「子どもを大切にする地域」というイメージを具体化できる

千葉県いすみ市や大分県臼杵市では最近移住者が急増しているが、その理由の一つが有機給食を実施していることにあるといわれている。つまり有機給食を実施して、それを市民が認めることによって、その自治体が子どもを大切にしている地域だというイメージがつくられるからだというのである。このように有機給食が地域のイメージアップに貢献している。

(3) 有機(オーガニック)が保護者や地域の人びとに身近になる

有機農産物が世の中にあることはみんな知っているが、簡単に手に入らないので、多くの人にとって身近な存在とはいえないだろう。ところが、有機給食を実施すれば、子どもたちは日常的に有機米や有機野菜を食べることになる。それを保護者が知ることによって有機(オーガニック)が身近なものになる。それは食の安全や環境に対する市民の意識を変えていく可能性がある。

Q16 有機給食を農業振興につなげるには?

有機給食は地域農業の振興にもプラスの効果を期待できる。一つには、「地産地消の活性化」という意味がある。地産地消とは「地元で穫れるいいものをできるだけ地元で食べよう、使おう」という意味だから、もともと地域農業の振興と市民の食生活の見直しを同時に進める効果がある。さらに、地産地消をもっと意欲的に推進すれば、地域自給を高め、地域循環経済を実現するなど、持続可能な社会の構築につながる。有機給食が広がることによって、改めて地産地消が再評価され、その取り組みが結局は地球規模での環境問題解決へとつながる一つの方法であることが、多くの人に理解される可能性をもっている。

また、最近いすみ市の鮫田さんは「有機給食が有機米の産地形成に役に立つ」という主張をしている。そのメカニズムは次のように説明されている。まず、「有機米の販売には農協系統や一般の米卸での取扱いがないため、実需者を中心とする販路開拓と有利販売が必須である」。有利販売のためには有機JAS認証を取得するのが効果的だが、転換期間中には有機農産物と表示できないため、有利販売に苦労することが多い。また、米のブランドイメージを高める必要があるが、ブランド力なるものはそう簡単に高まるものではない。そのため有機米生産を始めた初期段階では有利販売が難しく、「有機米の産地振興においては、これが隘路《あいろ》になりやすい」

「しかし、いすみモデルの場合、転換期間中の米の大部分を学校給食に使用してきた。公共調達を活かすことで、どの産地でも売れ残りの心配がないかたちで、有機米の産地化に乗り出すことが可能である」。以上から、鮫田氏は「これからは、有機米の産地振興と学校給食への導入をセットですすめることが当たり前の時代になると確信している」とまで述べている。鮫田氏の指摘は地方自治体がこれから有機農業政策を進めるさいにとても大事なヒントを与えてくれる。

コラム3

「グリーン購入法」を公共調達としての有機化のてこに

高橋優子（NPO法人全国有機農業推進協議会「学校給食を有機に」ワーキングチーム）

学校給食有機化WTの取り組み

私たちは、有機農業の普及啓発を目的とするNPO法人全国有機農業推進協議会（全有協）のなかに「学校給食を有機に」ワーキングチーム（学校給食有機化WT）を立ち上げました。有機農業の普及啓発のうえでは、有機農家を応援し生産を増やしていくことと、販路開拓の両輪が必要だと考えます。学校給食は生徒数や供給日数、メニューが決まっていることなどから、使用する農産物や量を事前に予測することができる点で、確かな販路といえます。子どもたちの健康のためだけでなく、日本や有機農業の未来のためになると考え、学校給食の有機化に取り組んでいます。

2021年2月、「第四次食育推進基本計画」の見直しが行なわれ、「学校給食に有機農産物を取り入れていく」という方針が明記されました。義務教育である小中学校の多くは公立学校であり、これらの学校での給食食材は公共調達されているということになります。この点に着目して、農林水産省幹部の方に「学校給食のために公共調達される食材に有機農産物を指定できないか」と要望書を出したところ、公的機関が率先して環境に配慮した製品を購入することを求める環境省の「グリーン購入法」の存在を教えていただきました。そこで今度は環境省幹部の方に「『グリーン購入法』を活用して、学校給食のための公共調達に有機農産物を指定できないか」と相談したところ、親切に相談にのってくださいました。

環境省が「生物多様性」や「地域循環共生圏」といった視点から有機農業を推進する立場をとっている背景がありました。

「配慮事項」として食堂での有機農産物使用を明記

環境省の説明によれば、グリーン購入法で定めるのは国などが重点的に調達を推進すべき環境物品であるため、農産物はこの規定には当てはまらないとのことですが、「食堂に係る判断の基準等の見直し」で、省庁の食堂をはじめとする国の機関で率先して「有機農産物の採用」を申請することができないだろうか。そう考えた私たちは、2021年5月に有機農産物の採用に関する申請書を提出しました。それから、ヒアリング、審査会、パブリックコメントを経て2022年2月25日閣議決定された内容を意訳すれば「公的機関における食堂の運営においては可能な限り近隣において有機農業により生産された農産物及びそれを原料として使用した加工品の利用の推進に資するものを使用するよう配慮しなさい」というもので、4月1日に施行されました。本当に、ひょんなきっかけから、「グリーン購入法」の対象に「配慮事項」(要件ではないが、調達にあたって、さらに配慮されることが望ましい事項)とはいえ有機農産物の採用が記載されたのです。

農水省の食堂で有機農産物提供開始

2月25日の閣議決定を受けて、金子原二郎農水大臣(当時)は、同日の記者会見で「グリーン購入法に有機農産物が記載されたことから本省の食堂から有機農産物の導入を図っていく」と明言しました。この発言を受けて農林水産省の食堂委託要綱に有機農産物を使用する旨が明記され、それに基づいて業者の選定が行なわれました。6月1日には、有機農産物を積極的に使ったメニューを提供する「あふ食堂」がオープンしました。

また、環境省幹部の方が霞ヶ関の全省庁に向けて、庁舎食堂に有機農産物を導入するよう呼びかけ、6月22日、23日には霞が関の全省庁の職員に向けて、国産有機農産物を使用したお弁当が販売されました。さらに、6月23日には、東海農政局食堂においても有機農産物を使用したメニューが提供されました。１６００あまりの国の機関にグリーン購入法が適用されること、地方自治体にはグリーン購入法にしたがうことが「努力義務」とされることから、今後、さらなる発展が期待されます。

これは、結果的に農水省と環境省が省の枠組みを超えて連携した事例となりました。これからの時代のビジネスは、もう環境意識なくして成り立たない、ということを示唆しているのではないでしょうか。

行政の縦割りを超えて給食の有機化を

私たち学校給食有機化ＷＴは、学校給食を有機農業の普及のための確実な販路としてとらえました。しかし、学校給食の担当は文部科学省、農産物は農林水産省、公共調達における「グリーン購入法」の推進は環境省、財源の確保は財務省がそれぞれ担当しており、学校給食有機化は縦割り行政を克服するという難題を抱えています。

有機農業の先進国の一つであるフランスでは、２０１８年に農業者の所得向上を目的とした「フランス新農業・食品法（エガリム法）」が制定されました。同法には、2022年までに、保育園、学校、大学、保健施設、社会・医療・社会施設、刑務所、官公庁等の団体食堂における食事の50％以上を環境に配慮した産品等を使用し、全体の20％以上を有機農産物の割合とすること、と明記されており、年間35億食にもなる給食や病院食などに義務化され、公共調達の一環としての学校給食有機化が一気に進んだのです。有機農産物が公共調達の対象となることで、有機農業がさらに成長しています（コラム2参照）。みどりの食料システム戦略が掲げる有機農産物の取り組み面積25％（現状は0・6％）への飛躍的拡大にはフランスのような思い切った需要の喚起策が必要です。

農林水産省「みどりの食料システム法」の基本計画案を見ると「流通及び消費者の促進にかんする事項」として「市町村及び都道府県は、有機農産物などの学校給食や庁舎等の食堂における利用等を通じた地産地消や、食育など消費者の理解の促進（中略）等について定めるものとする」という文言が入っています。公共調達の一環としての学校給食の有機化を考えるとき、消費者としての保護者の役割の自覚と日々の購買行動の変化を促す取り組みも併せて考える必要があるでしょう。フランスでも「エガリム法」制定に際しての数値目標を掲げて、学校給食の有機化を推進しました。日本でも、各地の学校給食を有機に、という熱い想いの流れをさらに加速させ、子どもたちの未来のために、市民・団体や地方自治体、関係する省庁がそれぞれの枠を越えて手をつないで取り組み、よりよい給食の仕組みをつくっていきましょう。

PART Ⅳ

担い手

有機給食を支える人・求める人

育てる、運ぶ、つくる、食べる

ＰＡＲＴⅡでは、比較的新しいところから長い伝統のあるところまで、全国各地の10の事例を取り上げた。ＰＡＲＴⅣでは、キーパーソンとなる人や組織に焦点をあて、４つの事例を紹介する。ＪＡと役所と小学校、調理員と地元の農家、生協と市とＪＡ、小学校の教育活動「フードラボ」担当主任と児童および地元住民。それぞれの「思い」がつながり、「仕組み」となって成立していることがわかるだろう。

地域農業と学校給食をどうつなぐのか

——東京都小平市の事例から

小口広太（千葉商科大学人間社会学部准教授）

地場農産物導入率30％の公約を掲げただけでは

学校給食に地場農産物の導入を進めるポイントは、学校給食と地域農業をどうつなぐかである。東京都小平市における小学校給食を事例として取り上げ、地域農業と学校給食のつなぎ方を見ていこう。

小平市は、北多摩地域、武蔵野台地のほぼ中央にある。高度成長期以降、宅地開発が進展するなか、市は1990年代前半という早い段階から都市農業を振興する総合的な計画を策定し、「農のあるまちづくり」を積極的に進めている。畑作が中心で、家族経営による多品目生産が地域農業を支えている。学校給食への出荷は、販売先の一つとして支持され、地域農業の発展を考えるうえでも欠かせない。

小平市では、市内19校すべての公立小学校で自校方式を採用している。地場農産物利用割合を見ると、2004年度は2・3％だったが、2021年度時点で33・0％まで増加した。2009年に「小学校給食地場農産物導入率30％」を公約の一つに掲げて市長が再選され、本格的な取り組みが始まった。

「30％にすることについては、反対はなかったです。課長がこのことを栄養士さんとかに説明するわけですよね。その時に使用率を上げたいとこの数字を言うじゃないですか。ただ、使う側からすると、『私たちはそのためだけにやってるんじゃないよ』と言われるんです。そういうやり取りをすごいやってましたね」（産業振興課担当者）

市長が公約として掲げ、市の事業として取り組むと栄養士に伝えても、当初は現場が足並みを揃えて動いたわけではなかったという。

「結局、どうやって使用率を伸ばしていくのか。それに対しては、地元産の野菜を使うことで、どういうメリットがあるのか。結局、揃いも悪いし、農薬も減らしてる人が多いから、どうしても虫が付いちゃったりとかあるので、学校側からすると、デメリットのほうが大きいというのが当時の状況だったみたいです。食育や地元産の野菜を使うことによって新鮮でおいしい野菜が食べれますよというのもそうだし、小平市ではこんな物もつくられているんだよというPRもできるメリットはあるんですが、実際の現場で手間がかかるのであれば、栄養士さん、調理員さんが地元の野菜を使用するモチベーションや動機づけがないとなかなか進まないんです」（JA東京むさし小平支店経済課担当者）

地場農産物の利用については、一般的に鮮度とおいしさは理解できるが、形の不揃いなど使いにくさがあるという点で二の足を踏む場合が多い。そのため、栄養士や調理員が進んで利用するようなメリットが求められた。

利用を促進する手立てを整える

市は、2009年度から「小平市立小学校給食地場農産物利用促進事業」を始めた。小学校に対して学校給食で使用する地場農産物の購入費用の一部に補助を行ない、農業振興の予算を各小学校の給食会計に入れている。この補助金は、地場農産物の利用量に応じて支給され、給食費の補塡ではなく、地場農産物を購入し、学校給食の充実のために利用することが目的である。

「地元の野菜を使う側にお金が落ちるようにしています。使ってもらえれば、給食費に助成が出る。だから使えば使うだけ、財布が広がるんです。生徒数は決まっていて、胃袋の数は増えないですよね。給食費も決まっていて、その枠内でどうやりくりするのか栄養士さんは頑張っています。そこに助成金が入ると、財布が広がるんですよね。そうなれば、多少無理してでも、揃いが悪いとか、若干虫がついていたとしても、地元産を使う理由づけになるんですよ」(JA東京むさし小平支店経済課担当者)

地場農産物の利用を進めるさい、農家側に補助金を出し、出荷量の拡大を図ることが多い。ただし、いくら出荷量が増加したとしても、その受け皿が大きくならなければ、すぐに頭打ちとなる。小平市では、地場農産物を利用する学校側に具体的なメリットを打ち出した。JAの担当者が「需要喚起型」と表現しているとおり、学校給食という新しい市場をつくり出すことで出荷量の拡大を進めた。

また、地場農産物の利用については食材の規格も課題である。ＪＡが農家と栄養士の間に入り、食材の規格など目合わせ会や意見交換会を行なっている。

「目合わせと言って、栄養士さんと調理員さんが農家と定期的にこの規格はどうか、使いやすいかどうかなど話し合っています。ＪＡが取り持ってそういう会を開いています。使う側と生産する側のマッチングをしていくことが大きなポイントです。農家もその規格に合わせてつくります。たとえば、ＪＡがタマネギの栽培が得意な農家を講師に招いてみんなで学んだり。学校給食ではジャガイモ、タマネギ、ニンジンを一番使うので、安定して出せるようにしています。年間でこの時期にどういうものを使うのか実績も上がっているので、ＪＡは農家に『この時期にこういうの使ってますよ』『作付け体系はこうしたほうがいいんじゃないか』などアドバイスもできます」（産業振興課担当者）

栄養士の交代にともなう対応については、教育委員会が地場農産物の利用について引き継ぐだけではなく、ＪＡが新しい栄養士に学校給食の取り組みについて説明をし、理解を促しているという。

供給体制を整備する

学校側の需要をつくり出したとしても、それに応える出荷量の確保と供給体制が確立しなければ、地場農産物の導入は進まない。

「当時は直接契約が多かったんですけど、何カ所に納められるかといっても当日の朝納品なので4～5校が限界。直接契約の場合、近い小学校しか納品できないんですよ。結局、使用率が伸びないのは、配送の面が大きいよねということになった。いくら地場農産物を使用するようにと言っても、1校当たりの使用量が増えるわけではない。配送面を整備して使用する学校を増やすことによって変わるんじゃないかと」（JA東京むさし小平支店経済課担当者）

各学校と農家が相対で直接契約・納入する「個別方式」では、出荷から配送、契約まですべてを個々の農家で行なっている。とりわけ、日々の農産物の配送が大きな課題となっていた。学校給食は利用日の午前中、決められた時間に届けることが求められる。ただし、家族経営の場合、その時間帯は収穫・管理、出荷作業などで忙しく、配送までなかなか手が回らない。出荷できたとしても、自校方式の場合は1軒の農家で配送できる校数が限られ、出荷量を大きく伸ばすことができなかった。

市は、2011年度から「地産地消推進事業」を始めた。地場農産物を配送する車両および配送要員など人件費に補助金を出し、学校給食や飲食店を含めた市全体で地場農産物独自の配送体制を整備することが目的である。

農産物の集荷場所は、JA東京むさし「小平ファーマーズ・マーケット・ムーちゃん広場」で、JAがパートを雇用して学校に配送している。農産物の集荷方法には二つあり、一つは農家からの依頼で、JAが集荷を行なうパターン、もう一つは農家が直接運ぶパターンである。小平ファーマーズ・マーケットに出荷している農家は、それと一緒に運ぶことができる。JAが集荷する場合は、別途手数料を取る。

ＪＡは農家と小学校のニーズをくみ取ってマッチングし、受注、出荷調整、請求、清算などの契約、配送、生産現場の動向や学校側が必要としている野菜などの情報の共有、農産物の取りまとめを行なっている。ＪＡが契約と配送を管理し、学校給食への出荷を一本化する「団体方式」を採用した結果、学校給食に出荷する農家が増加した。団体方式は後発的に始まったが、個別方式の妨げにならないよう農家や小学校に配慮している。

統一メニューで地域の食、農業を学ぶ

小平市では、全小学校で「小平産夏野菜カレーの日」「小平冬野菜煮だんごの日」を設定し、統一メニューとして同じ日に提供している。ＪＡや教育委員会を中心に、現場の栄養士、調理員からの提案である。いずれも多くの地場野菜の使用が可能なメニューである。地場野菜への関心を高めること、季節の野菜を知り、旬のおいしさを味わうことなどが目的である。たとえば、「煮だんご」は地場産の小麦を使用した「すいとん」で、地域の食文化、歴史への理解も深まる。

統一メニューの日には、学校側の協力を得て学童農園で指導している農家や出荷者の代表が招かれ、一緒に給食を食べる。給食前の学級活動では、ＪＡ職員が使用している野菜の説明を行ない、農家が先生役となって生徒からの質問に答えるなど、農業や食材のことを学ぶ機会もある。

「地元産だと使いにくいというのがあると思うんですけど、定期的にこういうイベントをやるとか、農家を招いて交流することによって、学校側も意識が変わりますね。農家側も子どもたち

が食べてくれると、やりがいも出てきます。おいしいって食べてくれるだけでも、生産者のモチベーションになりますよね」（産業振興課担当者）

自校方式の場合、給食のメニューは各学校に任されている。そのため、統一メニューを提供することは難しいが、栄養士、調理員が工夫しながら実施しているという。こうしたイベントの実施は、地域内外に学校給食の取り組みをアピールする場にもなる。

学童農園で収穫した野菜も給食に

また、全小学校に学童農園が設置されている。学童農園の設置は２００２年度に5校で始まり、２００７年度からは全校で実施となった。体験学習の内容は、農家と小学校が話し合い、カリキュラムに沿って決定する。農家は作物の種や苗、肥料などの準備および農地の管理を行ない、市が収穫物の購入費や指導の謝礼などを利用料として支払っている。

「熱心な栄養士さんは、学童農園のダイコンやニンジンを使って給食をつくるときもあるんですよね。ダイコンの注文があったのに『ごめんなさい。ダイコン、キャンセルで』って言われて、急にその1日だけキャンセルになったんです。その理由を聞くと、『学童農園でダイコンが収穫できそうだからそれ使うんです』って」（ＪＡ東京むさし小平支店経済課担当者）

学校給食に多様な主体がかかわり、支え合う

小平市では、市長が公約に掲げ、学校給食への地場農産物の導入が本格的に始まったが、「い

図　学校給食への地場農産物の導入と主体間の関係性

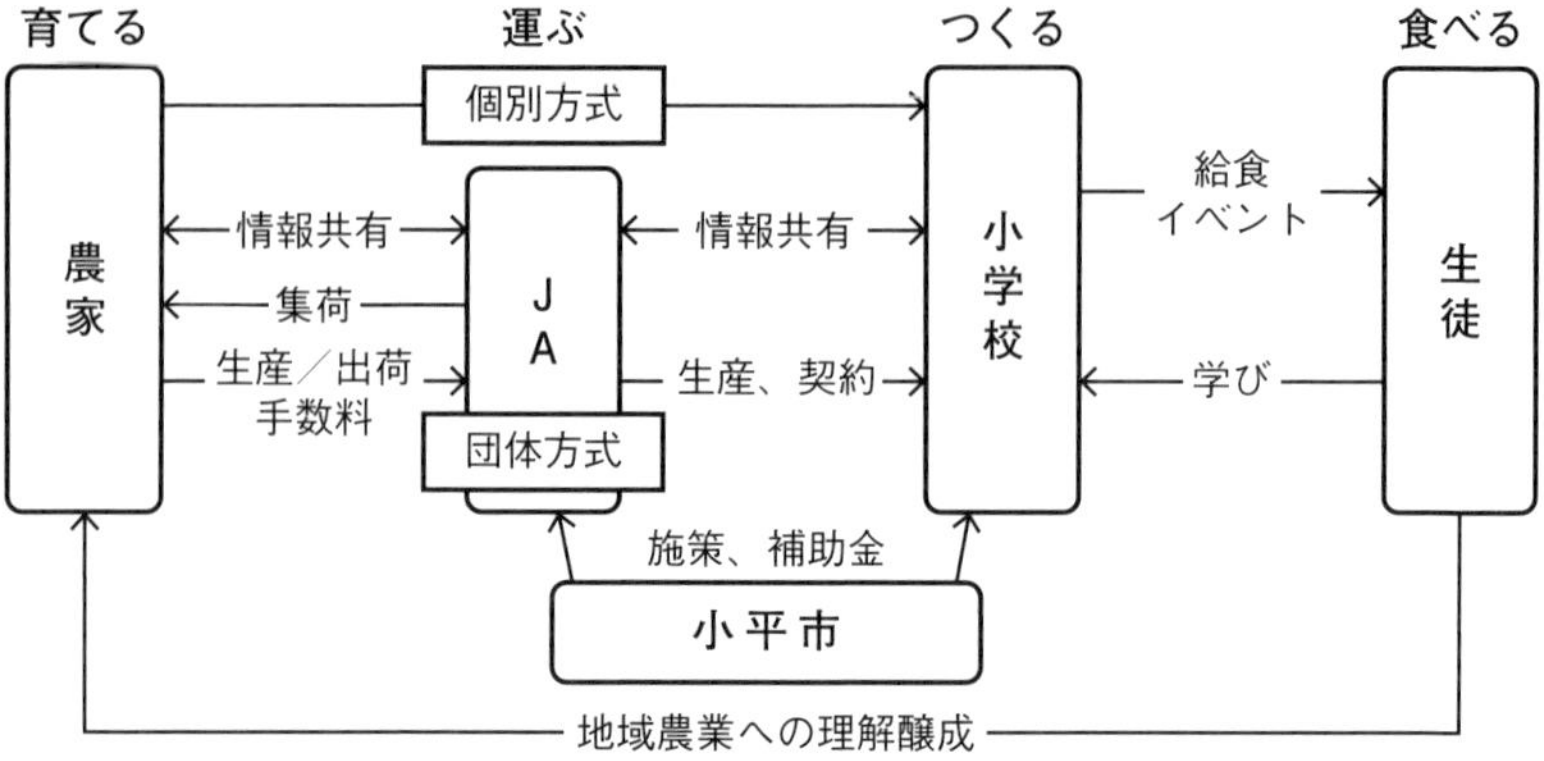

資料：現地調査より筆者作成。

くら『使用率を上げましょう』『食育が大事』と伝えても誰も動かない」とJAの担当者が言うとおり、地域農業と学校をつなぐ農産物の流れをつくり、多様な主体がかかわり、動かす「仕組みづくり」がポイントになる。

「教育委員会、JA、行政がうまく連携できています。あと、生産側の農家、使う側の栄養士さん、調理員さんが意思疎通できてるというのが一番だと思いますね。その結果、地場農産物が使う側にも浸透しましたし、教育委員会も食育という観点からやるよという形になっています」（産業振興課担当者）

当初からこのように協働できていたわけではない。仕組みづくりを一つひとつ進め、地場農産物の使用が広がった。そのプロセスにおいて、市、JA、農家、栄養士、調理員、教育委員会の間で「コミュニケーション」が生まれ、さらに地場農産物の導入の意義が理解されるようになり、使用率の向上につながっている。

「いちばんおいしい素敵な村」の給食を支えて

富永由三子（長野県中川村地産地消コーディネーター）

長野県のある栄養士が「いちばんおいしい素敵な村」とたたえ、村で育った子どもたちが「成人式のあとに学校給食を食べたい」と望む給食は、どのような思いに支えられて実現したか。2022年3月まで主任調理員として村の給食を支え、現在は生産者と給食をつなぐ役割を果たす富永三由子さんにつづっていただいた。

子どもたちに「農家の顔が見える」給食を

私が納得できる給食とは、どこで誰がつくったのか顔が見えていて、安心して食べることができ、感謝できるというもの。給食にはそういう役割があると思っています。顔が見えるというのは、「村の○○地区のおじちゃんがつくった野菜だよ」と伝えたとき、子どもがわかる範囲の地元が一番親しみや安心を感じやすく、感謝につながるんです。もちろん村内だけでは足りないものがあるので、近隣の町村で穫れたものなら気候も食文化も同じだから村からもう少し範囲を広げて〝地元〟があってよいと思います。

私たちは県外から届く食材を「旅のもの」と呼びます。遠い所からやってくる食材は村の季節と微妙にズレるんです。一年中使うことができるキュウリ。店に出まわる頃でも村のキュウリはまだ穫れません。それは、給食に出さなくてもいいんですよ。中川村や伊那谷で穫れたものをちゃんと旬に食べる。収穫に合わせて気候や風土にあった行事食や郷土食を大事にしたいと思っています。だから給食には顔の見える地元の農家さんが必要なんです。

恵方巻かイワシの丸焼きか

今は日本全国で節分には恵方《えほう》巻きを食べることが当たり前のようになって、給食のメニューにも登場します。しかし、伊那谷には恵方巻きを食べる文化はなく、イワシを焼いてその頭をヒイラギの枝に刺して、玄関に「カニカヤ」という御礼とともに飾って、鬼を追い払う。ただ、給食では頭の付いた丸ごとのイワシは嫌われます。子どもたちは魚が苦手ですし、給食の時間が短いので食べるのに時間がかかる献立は嫌がられます。

そこをあえて中川村ではイワシの丸焼きを出します。学校に趣旨を伝え、各クラスに魚の食べ方のおたよりを配り、骨の取り方を伝えなければなりません。家庭で教わることが少なくなった食文化を伝えていく役割が給食にはあるからです。なぜイワシなのかを。

有機給食を始めるにはその価値をきちんと子どもに伝えたい。土地の気候風土、文化、食の大切さや人との関わり。それがちゃんと伝わる給食が大事だし必要だと思います。

「究極のカレー」ができたいきさつ

自分が納得できる給食をつくりたいと思ったのは、手づくりカレーがきっかけだったでしょうか。数千食をつくっている給食センターで、既製品のカレールーではない手づくりルーをつくっていると聞いて、中川村でもやれると思ったんです。以前から、カレールーの箱の裏に書かれている表示が何なのかがわからなくて、子どもたちの大好きなカレーは中身がわかるものでつくりたいと思っていました。当時は地元の野菜を納入できるルートがなく、「旅の野菜」を使い、これでいいのかと悩む日々でした。栄養士に相談しても「調理員は栄養士の言うことに従えばいいの」と言われたことも。

栄養士が替わると「やりましょう」とレシピを入手。また、地産地消にも力を入れてくれ中川村に「おいしい野菜とどけ隊」(これは子どもが命名)を結成。村内の野菜を使える仕組みができました。余計なものは入れないルーを手づくりし、村内産の食材を使った「究極のカレー」が実現したのです。生産者の顔が見え、カレーの中身が見える手づくりこそが自分が納得できる給食となりました。今は村を離れて暮らす子どもたちが「給食のカレーの味が忘れられない」「成人式で食べたい」と言ってくれているようです。

納得する給食を実現するにはスキルの積み重ねが必要

手づくりの給食を実現するには調理員のスキルが必要です。調理員は食材が有機であろうとなかろうと、イモがあと何分で煮えるか、あと何分で仕上げなければならないか、とつねに時間との闘いです。どの調理現場も事情は同じだけれど、どこの給食も手づくりとはいかないのはどうしてか。規模や設備の違いはありますが、子どもたちのためにどんな給食をつくりたいかという思いを一人ひとりが持って、できることの積み重ねがあるかどうか。

調理の現場は衛生管理や、時間制限のなかでどう仕上げるかに集中しているので、余裕が全くない状況。「有機給食を」と簡単に言うけれど、食材を活かし使いこなすには手づくりが不可欠で、その調理技術やスキルの積み重ねがなければすぐにはできないし、簡単なことではありません。

調理の現場は非正規職員が多く、人の入れ替わりが多い職場で、技術も知識も積み上げができていないという現状もあります。栄養士も3〜4年で異動、栄養士が替わるたびに給食も変わってしまいます。栄養士の思いを調理するのが調理員の仕事なのに継続ができないのです。

正規職員を増やして、継続ができる給食のためのスキルを積み重ね、長く居られる職員をつくらないといけない。そして、現場が手づくりの良さや地産地消、有機の必要性を理解して子どもたちに伝えていくことが大事です。食と農をつなげる、生産者とつながる、学校とつながる――これが本当の意味での「有機給食」だと思います。できることの積み重ねが大事ですね。

有機農業とは「ふつうにやっていた農業」

給食に有機農産物を使いたいと思い始めたのは、「安心、安全、おいしい給食」とうたいつつ、本当に安全かと突きつめられたとき、胸を張って「はい」と言えなかったときからです。

私はキュウリ農家に育ち、父親が化学肥料や化学農薬を使うたびに「土がダメになる」と言っていたことを覚えています。土を大事にした農法でつくられた「安全」と言える食材を使って給食をつくることが、私の責務だろうと思って仕事をしてきました。

私の子どもの頃は家畜を飼い、草や堆肥で野菜を育て、米も麦も自給自足の生活でした。もちろん大変な作業でもありましたが、ふつうにやっていた農業なんです。地元のお年寄りが「給食に使うなら堆肥入れてつくってやるで。農薬もかけんし」と言ってくれます。化学肥料や化学農薬に頼らないでつくる方法を知っているし、その怖さも理解しているんです。少し時代をもどして、ふつうにやっていた農業ができるとうれしい。

給食の現場を応援しながら、農家さんに支えられて、ふつうにやっていた農業をどうしたらできるかをいま考えているところです。

有機農業推進の協議会「かしはらオーガニック」を有機給食の原動力に

辰巳千嘉子（コープ自然派事業連合副理事長）

「かしはらオーガニック」が拠点を置く橿原市は奈良県で2番目に人口が多い都市部です。農地も有機農家も少ない地域ですが、有機給食への一歩がスタートしています。

始まりは「奈良の学校給食を考える会」

コープ自然派は「誰もが有機農産物を食べることができる社会」を目指している関西と四国エリアの生協です。各府県の組合員は有機給食を起点に地域の食・農・環境を変えていこうとチームを立ち上げて活動をすすめています。

「奈良の学校給食を考える会」をコープ自然派奈良と奈良県農民連を事務局に立ち上げたのは10年前。当時、私はコープ自然派奈良の理事長でした。給食の現状を知ろうと食材の実態調査や給食関係者との懇談を行なうなかで見えてきたのは、関係者はすべてよりよい給食を目指していますが、適正な価格の地場産・有機農産物へのアクセスルートがほぼないことでした。一方で、地域の若手農家は販売先に苦労しています。給食は既存の枠組みを外しにくい面もありますが、農家とともに保護者・市民が伴走することで化学反応が起きはじめます。

給食は保護者・市民の参画で

橿原市の給食取り組みは、農家と小さな子どもを持つ組合員との出会いから始まりました。田んぼの食農体験を農家と一緒に続けたり、自治体と給食懇談をするうちに、市内や近隣農家の野菜を給食に使おうという話が始まりました。農業を守り、子どもたちのためによりよい給食をと願う市民活動だからこそ、一般入札以外のルートが開けたのだと思います。

２０１７年度から橿原市の約１万食の給食に奈良県農民連を通じて無農薬・無化学肥料も含む地場産野菜を納入し、市内の16小学校、６中学校にはＪＡの配送便で届けられています。

有機農業推進協議会「かしはらオーガニック」の誕生

有機給食を目指して、まずは有機栽培技術講座を行ないました。野菜が持つポテンシャルを最大限に引き出す土づくりが品質や収量を上げ、給食納入のための量や規格をクリアすることにつながります。また、講座を通して地元の有機農家とのネットワークが広がりました。その活動母体として農家とともに立ち上げたのが「かしはらオーガニック（有機農業推進協議会）」です。２０２１年度から橿原市も参画しています。農水省の補助事業「オーガニック産地育成事業」を受けることで、レベルの高い講座を参加費無料で開催できます。

ＢＬＯＦ（生態系調和型農業）理論の講座や栽培技術講座を連続開催したところ、野菜の栄

実証圃場でBLOF理論による有機栽培技術講座の成果を検証

養価コンテストで最優秀賞を受賞する農家や、収量が増えて経営が安定する農家も出てきました。単位面積あたりの収量が増えれば、コストはあまり増えずに販売量が増えるので、納入単価を抑えても成り立ちやすくなります。

給食協定を締結し、100％有機米給食を目指して

給食への納入は少しずつ増えましたが、年間を通して安定継続するには枠組みが必要です。担当課や栄養士さんと協議し、市長懇談で大きな後押しをいただいて、2022年3月、橿原市とJAならけん橿原経済センター、かしはらオーガニックの三者で地場産農作物利用の給食協定を結ぶことができました。地元の農業を元気にするために地場産利用を増やし、できる限り有機栽培の農産物の利用を

増やすという協定です。

栽培しやすく保管しやすい品目を計画的に栽培できれば若手農家の安定収入につながります。また、橿原市の場合、田んぼの1割を有機栽培に変えることができれば、100%有機米給食が可能になります。かしはらオーガニックを原動力に、有機農家と、農業に関心を持つ有機給食応援団の輪を広げて、給食費の無償化も含めて課題を乗り越えていかなくてはなりません。

給食を起点に有機的なハーモニーを広げたい

みどりの食料システム戦略が法制化され、これからどのように有機農業25%を実現するかというときです。でも、農家は減り、堆肥は足りず、資材費が高騰しても農作物の価格はなかなか上がらず、農家にとって厳しい状況が続きそうです。協議会なら地域の未利用資源で単価を抑えた高性能な堆肥をつくったり、栽培技術もチームで高めていけるのではないでしょうか。

農水省は本気で有機農業を広げようと補助事業も用意されています。コープ自然派では生協が協議会の事務局を担って、農家が農業に専念できるように面倒な書類づくりを引き受けて農家を応援しています。また、「有機の学校」で有機農家を育てたり、地元でつくれないものを大産地とつないで給食納入する取り組みも始めています。

子どもたちが「この食べものはどこで誰がつくったのか」がわかるおいしい給食から、いろんな人や団体、そして微生物から始まる生態系の有機的なハーモニーが広がることを夢みています。

給食シェフは小学5・6年生
――カリフォルニア州パシフィック小学校の有機手づくり給食

山本奈美（京都大学大学院農学研究科・研究員（非常勤））

ダヴェンポートは、カリフォルニア州サンタクルーズ郡に所在する、人口368人（2020年現在）の小さな町（注1）です。西に広がる太平洋を望む美しい景色のビーチで知られる静かな町で、約16km南にサーフィンや有機農業運動の発祥の地として知られるサンタクルーズ市、約60km東にIT先進地のシリコンバレー、約100km北にサンフランシスコと、立地にも恵まれています。

ユニークな教育活動「フードラボ」

ダヴェンポートの唯一の学校区が管轄する唯一の小学校が、5歳児のキンダーガーテン（Kindergarten、以下「K」）から6年生（注2）までの7学年約120人の児童たちが通うパシフィック小学校です。児童数からすれば小規模校（注3）のパシフィック小学校は、持続可能な農業やローカルフードに関心を寄せる人びとの間で有名です。その理由は「フードラボ」と呼ばれる、学校給食を活用したユニークな教育活動にあります。

　フードラボの大きな特徴は、近郊地域で生産された新鮮な有機食材を使った一から手づくりの給食で、毎日の調理を担うのは同校の児童たちであることが特に注目される理由です。児童たちは、学校給食主任の先生の指導と見守りのもと、食材の下ごしらえをし、大きな業務用の鍋やフライパンで調理し、盛り付け、配膳まで担います。月曜から金曜日まで、給食がない特別な日を除いて毎日です。手づくりするのは、全校児童と教職員、合計約140人分の昼食だけでなく、併設された幼稚園の児童の昼食、全校児童と幼稚園児の朝食（午前の中間休みの補食）、放課後活動の補食です。パンも、全粒粉入りの小麦粉やシンプルな材料を練って発酵させ、キッチンのオーブンで焼きあげた「焼きたて」パンです。

　使う食材の多くは地域で有機栽培されたものです。手に入らなければ、カリフォルニア州産の有機農産物を、それも無理であればUSDA（米国農務省）が調達する農産物を利用することもあります。時期にもよりますが、少なくても80％以上、多いときは95％が有機食材です。特にサラダで生食する生鮮野菜（ケールやチャード、レタスなど）は、ほぼ100％が地域の有機農家から直接届けられたものです。牛肉は近郊のリジェネラティブ農業（注4）で酪農を営む農家から、鶏肉は同校児童の両親でもある地域の有機養鶏農家から無償提供を受けています。さらに野菜は、地域の有機農家がファーマーズマーケットの売れ残りを定期的に提供してくれます。農家はフードラボの理念に賛同して無償提供を行なっていますが、農産物の寄附は税制上の優遇措置（減税）を受けることができるため、経営上のメリットも後押ししているといえます。

筆者は２０２２年2月と3月に同校を2度訪問して取材し、補食や昼食をいただき、うち1日はボランティアとして子どもたちと一緒に調理を体験しました。また、フードラボ担当者であり学校給食主任を務めるエメリア・ミゲル先生に別途数回インタビューを行ないました。また、サンタクルーズ市の公立小学校に２０２１から２０２２年にかけて1学年通った筆者の息子の経験と学校関係者への取材をとおして得た「一般的な」カリフォルニア州の公立小学校の給食についての理解もふまえ、カリフォルニアでも類を見ない取り組みといえるフードラボの1日の流れを追いながら、その特色と意義を考察したいと思います。

朝食準備から始まるフードラボの１日

手づくり給食の調理の中心を担うのは、同校の最高学年である6年生です。３～４人で組まれた5チームがそれぞれの曜日を担当します。チーム内で「下ごしらえ（Prep）」「調理（Cook）」「全体統括（Manager）」「製パン（Baker）」の役割分担をし、１カ月で役割を交替します。曜日担当の６年生たちは朝9時にキッチンに入り、まずエメリア先生とメニューとレシピ、作業手順の確認をします。レシピは、「10人前」「６人前」といった基準の分量なので、その日に給食を食べる人数（注5）を確認し、人数分の材料の量を知るために、かけ算をします。「3分の1テーブルスプーン」「1と2分の1カップ」といった分量も出てくるので、分数や少数のかけ算など算数の知識を実践的に使う機会です。材料と総量がわかったら、食料庫から材料を取り出して計量し、朝食の調理に取りかかります。

筆者が訪れた日の朝食メニューは、「ブレックファーストブリート」。全粒粉のトルティージャ（クレープのような薄く丸い小麦粉でできた皮）に、卵のオムレツ、蒸しジャガイモ、チーズを巻いた一品です。6年生のアダヤさんが大きなフライパンで大量のオムレツをつくり、同じく6年生のケリアさんが、蒸しジャガイモとチーズを入れたブリートを手際良くまいていきます。9時半ごろ朝食の第一弾が整うと、Pre-K（3～4歳児）とK（5歳児）に配膳します。次に提供するのは9時55分頃、1年生から6年生の午前の中間休み（少し長めの休憩時間）の朝食です。

熱々のブレックファーストブリート、オーガニックシリアル（グルテンフリーも選べます）、レーズン、オレンジ、牛乳をのせた「朝食カート」が校庭に運ばれると、子どもたちが駆け寄ってきます。待ちきれない様子の子どもたちもいますが、みなきちんと列に並び、順番がきたら「ブリートください」「シリアルください」と自分の好みを伝えます。器は陶器製、スプーンはステンレス製と使い捨てではなかったこと、高学年は特に多くの子どもたちが「ブリートを一ついただけますか？」など丁寧な聞き方をしていることが印象的でした。

朝食とはいっても、朝8時過ぎに学校が始まり、12時前後のランチ時間のちょうど中間の時間帯に提供されるので午前の補食といったほうがいいかもしれません。「お腹ぺっこぺこ！」と言う子、ブリート二つほしいという子（食べ終わったらまた並んでね、と言われます）、ブリートとシリアルと両方ほしいという子もいて、午前の前半2時間でお腹がすいている様子がわかります。

昼食準備にフル活動のキッチン

朝食が提供されている間にも、キッチンは昼食に向けてフル活動です。筆者が見学した3月の月曜日のランチメニューは、フォカッチャ、野菜たっぷりミネストローネスープ、ケールのサラダ、オレンジでした。なお、月曜日は「ミートレスマンデー（肉類なし月曜日）」でベジタリアンメニューです。

「製パン」担当のケリアさんは、レシピの分量をかけ算して総量を割り出し、粉などの材料を計量し、業務用ニーダーに入れてスイッチオンし、生地がこね終わったら大きいボウルに入れて、コンロの上の温かい場所で発酵させます。高くて彼女には届かないので、筆者が手助けしたところ、もう少し端っこに置くように指示してくれました。その理由を、「スープの湿気がダイレクトにいくから、一度生地が蒸されてしまったの。後で成形するのが大変だったわ。でも最終的にはちゃんとできてよかったんだけど」と楽しそうに教えてくれました。発酵が完了したら、オリーブオイルを塗ったトレイに広げ、生地にオリーブオイルを塗りローズマリーを散らし、「Opening oven!（オーブンが開きます）」とキッチンに響くかけ声とともに予熱したオーブンにトレイを入れます。手際が良すぎて感動します（写真1）。

スープを担当していたのは、アダヤさん。たっぷりの野菜くず（タマネギの皮など）を大きなお鍋でゆでて出汁を取り（ここは先生が担当）、刻んでおいたタマネギ、ジャガイモ、セロリ、ニンジンを入れて炊きます。熱湯でぐらぐらしている大きなお鍋に刻んだ野菜を入れるようとす

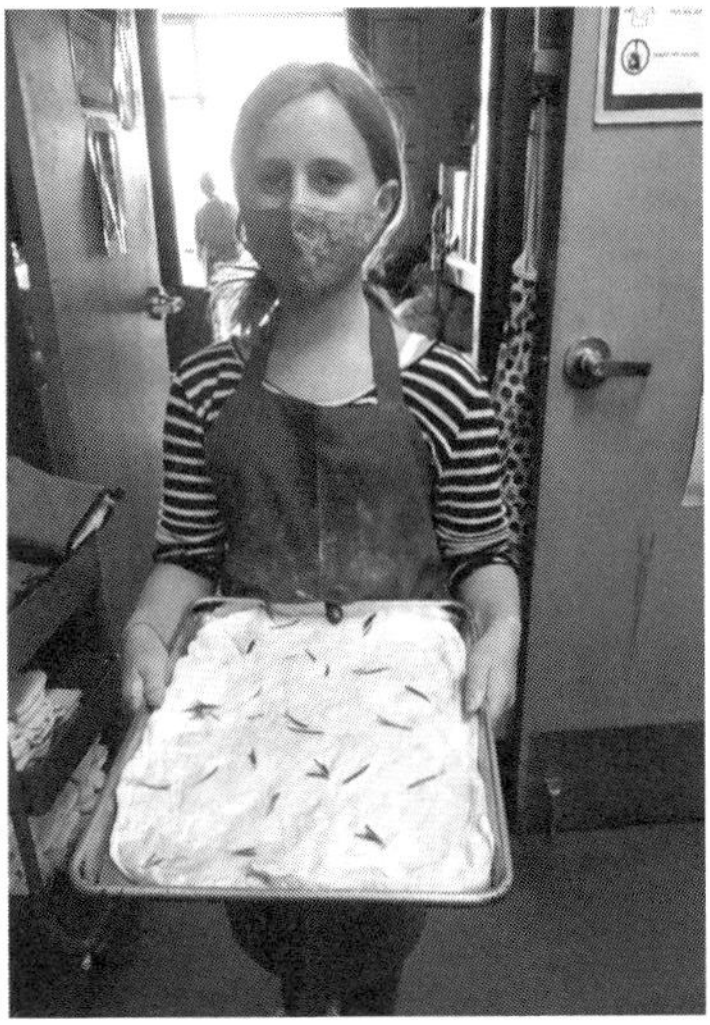

写真１　オーブンに入れる直前のフォカッチャを持つ６年生のケリアさん

写真２　低学年に焼きたてフォカッチャをサーブする５年生のカイさん

るアダヤさんに、エメリア先生は「こうやって顔を守りながら入れるのよ。熱い汁が飛び散らないように気をつけるのが大事だけれど、飛び散っても顔にかからないようにね」と、顔を横に向けできるだけ鍋から遠ざけて投入するやり方を見せますが、最後には子どもが入れます。

10時半になると、5年生の子どもたちがキッチンに入ります。5年生は、焼き上がったパンを切ったり、人数分の食器類を出したり、盛り付けや配膳といった補助的役割を担います。米国の一般的な小学校の給食では、子どもたちが配膳の場所に列をつくり食事を受け取ります。しかし同校では、子どもたちは着席し、5年生が配膳してくれるのを待ちます。5年生のカイさんが、焼き上がったばかりのフォカッチャをピザカッターで切り分け、木製の器に入れ、「パンはいかがですか?」と低学年の子どもたちのテーブルを回ります（写真2）。欲しいと応じた下級生がお皿にトングでサーブされる様子は、まるでレストランのようです。おいしそうに食べる児童たちの前に立って、メニューについて、あるいは食材の特徴や生産者について話すのはエメリア先生の役割です。

昼食は下級生から順番にサーブされていきますが、その間にもキッチンでは、4年生のAさんによる放課後活動の補食のマフィンをづくりが進行しています。4年生は通常料理をしませんが、彼女は料理が大好きなので特別だそうです。下級生が昼食を食べ終わり、5・6年生が昼食を食べる頃には、マフィンは焼き上がっていました。このようにフードラボでは、子どもたちそれぞれが役割を担い、同時進行で発生するさまざまな仕事を完了させることで給食を仕上げるのです。

「キッチン教室」給食を軸とした包括的で実践的な学び

フードラボは「キッチン教室」とも呼ばれ、毎日の給食を中心に「食」についての包括的かつ実践的な学びを子どもたちが得ることが目的です。授業の一貫として教育活動に組み入れられ、特に5・6年の担任の先生は数人の子どもたちがキッチンで午前を過ごすことを前提に授業を調整します。子どもたちの学びにとって重要な位置を占めるのが、学年に応じた役割を担うことで、その責任は年齢と経験を重ねるほど増していきます。4年生以下の役割は「キッチン前段階」としての学校菜園での活動です。菜園担当の先生の指導のもと、野菜を育てて収穫し（給食で使われます）、給食残渣をコンポストで堆肥化するなど、畑での活動を担います。5年生は週1回の1時間半キッチンで補助的な役割を担い、1年間でメンバーの責任とチームワークで成立する仕事の流れを学びます。6年生は週1回の3時間をキッチンで過ごし、手づくり給食の中心を担います。

毎日児童が給食をつくることは、放課後活動として時々実施される料理教室などでは得ることのできない大きな教育的利点があるとエメリア先生は強調します。素材から調理し、チームで協力して料理を仕上げることは、「今日のランチは私がつくったんだ」という大きな達成感とともに、誇りと自信を子どもたちにもたらすからです。

キッチンは一面ガラス張りで中がよく見え、小学校の真ん中、図書室の目の前に位置しています（写真3）。6年生が、よく切れる包丁を使いこなし、生地をこね、業務用コンロの火の上の大きなフライパンを扱い、「オーブンが開きます！」とかけ声とともに焼きたてパンを取り出す様子、5・6年生がダイニングルームとキッチンの間を忙しく立ち回っている姿、「今日のパンを焼き上げたのはケリアさんです！　彼女の偉大な活躍に拍手しましょう！」と盛大にほめられて誇らしげにしている姿は、下級生たち、保護者、教職員が日常目にする光景です。位置的にも、学校活動的にも中心を占めているフードラボを通した子どもたちの経験は、学校というコミュニティで共有され、称賛され、ポジティブな相互作用をもたらしているといえます。

写真3　図書館前のガラス張りのキッチンでエメリア先生と盛りつけるカイさん

フードラボをとおした児童の学びは複数の領域を

横断しており、①食の知識や台所技術（包丁を含めて台所道具を使いこなす、食材の知識やノウハウを習得する）、②学校菜園とのつながりを深める、③食を支えてくれる地域の小規模・有機農業について理解する、④食の文化的・歴史的背景を理解する、⑤数学や理科の知識を実践に応用する、⑥ソーシャルスキル（食事作法や習慣、他者への感謝や敬意の気持ちをもつこと）を習得する、というように、食育以上の役割を備えています。2年間のフードラボでの経験を経た6年生は、自分自身への自信、問題解決能力、チームで協力的に行動する力を身につけて、卒業していくのです。

小規模校存続を可能にする取り組み

パシフィック小学校のフードラボは、小規模校存続をかけた取り組みでもあります。ダヴェンポートは小さな町で、住人の子どもたちだけでは児童数が足りないため存続が困難です。しかし、現在140人の全校児童（幼稚園児含む）の約3分の2を占める、サンタクルーズ市やボニードゥーンといった近隣地域から越境通学してくる域外児童たちのおかげで小学校は存続しているといえます。上記地域では多くの場合、小学校は徒歩や自転車での通学が可能な範囲に存在しています。しかし域外児童たちは、地域の学校ではなくパシフィック小学校を選択し、約20㎞の道のりを毎朝通学しているのです。

保護者が毎朝夕の送迎をしてまでも子どもたちを越境通学させる大きな動機は、フードラボだといいます。サンタクルーズ市は、有機農業とアグロエコロジーを専門的に研究し、学ぶことができる最初の研究機関として知られるカリフォルニア大学サンタクルーズ校が所在し、進歩的な志向をもつ住民が多いとされる地域です。子どもたちが、毎日の給食調理で料理のスキルを身につけるだけでなく、ローカルで有機の給食を食べること、食べものはどこで誰が生産したのか、その背景を理解し、食べる人の心身の健康と地球環境の双方によい食について実践しながら学ぶことに価値を置く保護者たちが、パシフィック小学校を「選択」しているといえます。フードラボが始まった頃は全校の児童数が50人前後で、1学年10人前後の1クラスと今よりさらに少人数の小学校でした。しかし、フードラボに魅せられた越境通学の児童が年々増え続けた結果、今では1クラス20人の学年もあるほどです。

越境通学を選択できる人びとは比較的裕福な層です。裕福な家庭で育つ子どもたちがこのような豊かな経験をしながら成長する一方で、食料生産に不可欠のエッセンシャルワーカーである農場労働者の子どもたちは（カリフォルニアは全米一の農業と有機農業の販売額を誇る州で、たとえば有機レタスの8割以上を生産しています）、高価格の有機農産物ではなく、低価格で健康的とはいえない食で毎日を過ごすという、食の格差という社会的課題を抱えているのも確かです。その一方で、子どもの豊かな経験のために越境通学を選択する人びとの存在がなければ、ダヴェンポートという小さな町の唯一の小学校は閉校になっていた可能性が高いといいます。「小さな小学校の大きな挑戦」は、食農のオルタナティブに内包される格差の上に成り立っているともいえます。

フードラボの継続を可能にする条件

もともとパシフィック小学校の給食は、サンタクルーズ市のセントラルキッチンから16kmの道のりを超えて運ばれてくるピザやパスタ、加工品で構成され、品質も栄養も満足できるものではありませんでした。この状況に、児童の保護者の一人で学校運営のボランティア活動をしていたステファニー・ローガストさんが、「子どもたちが料理できないはずはない」と立ち上がり、1983年にフードラボを始めたことが発端です。エメリア先生は約260㎞南の街に暮らしていましたが、地域の食雑誌に特集されていたフードラボに感動し、ご自身の2年生のお嬢さんに体験させたいと2007年に移住してきました。その後、保護者ボランティアとしてフードラボを手伝い、正式なアシスタントとして勤務した後、ステファニーさんが退職した8年前、学校給食主任の職を引き継いで現在に至っています。

「フードラボはどこの学校でもできること」とエメリア先生は語りますが、同様の取り組みが全米でも見られないこと(注6)からも、そのハードルは高いといえます。ダヴェンポートでフードラボを可能にしている二つの条件を考えてみます。

第一の理由は、町唯一の学校区の唯一の小学校で、住民の要望が反映されやすいということがあげられます。たとえば、当時を知る関係者の話では、現在の校長先生はフードラボが始まってから二人目ですが、「フードラボの意義を理解し継続を約束できる人」が採用条件だったと語ってくれました。住民が自分たちの学校であるという意識をもち、学校教育のありように積極的にかかわるという姿勢が重要であると考えられます。

第二が、エメリア先生という熱意と技術に長けた給食主任の存在です。エメリア先生の仕事は多岐にわたり、フードラボ継続に決定的な要素だといえます。献立づくり、栄養換算、食材の調達と管理、調理の事前準備、アシスタント（サラダ用の野菜や果物の洗浄とカットはアシスタントの仕事）への指示、子どもたちへの食育などは通常の給食主任の仕事ですが、それに加えて、児童への調理指導、安全と衛生面の管理、担任の先生との調整も担います。この仕事を難しくする理由の一つは、子どもたちが一様ではないことです。レシピを渡されただけで自分でパンを焼き上げることができる子もいれば、気がつけばキッチンから姿を消してしまう子もいます。非常にまれですが、「ぜったいに料理なんてしない！」という子どももいます（これまでの15年の経験で2人だそうですが）。子どもたちの様子を見守り、アドバイスし、それぞれの子どもたちの性格や習得度に応じて必要な場合には手助けし、ほめてやる気を引き出しながら、安全面と衛生面で細心の注意を払いつつ、料理を時間内に完成する必要があります。料理技術や食材の栄養、衛生や安全性だけでなく、食と農の社会的背景、教育、コミュニケーション力など、広範囲の知識と技術、能力が求められ、誰にでもできる仕事ではありません。

すなわち、フードラボのような先進的なプロジェクトは、地球と地域の自然環境に健全で人びとの健康を促進するとともに、地域経済を活性化する食と農こそが、未来を担う子どもたちにふさわしく公的資金を投入すべきと考える地域住民や保護者の意志が存在すること、さらには、難しい仕事に意欲をもって取り組むことができる職員と、学校のサポート体制が存在してこそ成立し、継続しているといえます。逆にいえば、地域住民の関心が薄れ、労力や資金の投資が途絶えれば、このようなプロジェクトの継続は困難になります。

２０２１年、カリフォルニア州政府が導入した学校給食（朝食・昼食・補食も含めて）無償化にともない、給食予算が増加しました。それでも、パシフィック小学校のフードラボは給食財源ではまかないきれず、学校の一般予算からも捻出しています。もし、フードラボの教育的意義を考慮した教育予算の配分が通例となれば、他の学校も導入しやすいはずとエメリア先生は語りました。

毎日の実践に根差した持続可能な食と農の学びであるフードラボのようなプロジェクトは、未来を生きるすべての子どもたちが必要としているはずです。だからこそ、公教育において展開されること、すなわち親の経済力に関係なくすべての子どもたちに開かれていることが重要です。このような観点に立てば、パシフィック小学校は公立小学校としてフードラボを実現し継続してきたからこそ、非常にユニークで大きな社会的意義を有するといえます。近年、子どもたちの食格差が注目を集めている日本社会にとっても、参考にすべき点が多々あります。この事例のような取り組みが、日本のどこかの地域で現れ、発展してほしいと願っています。

謝辞：本稿執筆のための現地調査は、日米教育委員会フルブライト大学院博士論文研究プログラムの資金提供により実施可能となりました。また、カリフォルニア大学サンタクルーズ校環境学科教授のステイシー・フィルポット(Dr. Stacy Philpott)博士と同校アグロエコロジーセンター有機農業スペシャリストの村本穣司博士より受入教員として多大なサポートをいただきました。ここに記して深謝の意を表します。

(注1) 正確には、ダヴェンポートは国勢調査指定地域（ＣＤＰ）であり、個別の行政法人をもたない地域である。ただ近隣住民からは、通常の市町村のように扱われている。

（注2）カリフォルニア州では、小学校はＫ（5歳児で、日本の年長児に相当）から始まる。また、小学校と中学校の学年配分は各学校区にゆだねられており、Ｋから5年生までの6学年が通う小学校と、Ｋから6年生までの7学年が通う小学校が混在している。

（注3）隣接するサンタクルーズ市の小学校の児童数は、Ｋから5年生までの6学年だが、ほとんどが500人以上、小さくても350人前後。パシフィック小学校は1学年多いにもかかわらず、3分の1以下の児童数である。

（注4）環境再生型農業のこと。

（注5）訪問客（多くの人がフードラボの見学に訪れる）や近隣住民で希望する人は、6ドル（約780円）で昼食を食べることができる。昼食を食べる出席児童と教職員に、学校外の希望者数を加えて総数が割り出される。なお、サンタクルーズ市の学校給食は、「可能な場合はローカル産で有機の食材を使う」と謳ってはいるが、セントラルキッチンで調理され運ばれてくるランチは油分が多いメニューばかりで（ピザ、パスタ、コーンドッグ、ブリートなど）、野菜はほとんど含まれていなかった。ただ、数種類の野菜や果物（キュウリ・トマト・ミニニンジン・オレンジ・リンゴなどから3種類）のサラダビュッフェが毎日提供されるので、子どもたちが希望すれば生野菜を摂ることはできる。しかし、メインメニューが多くの子どもたちに不評なこともあり、特に健康的な食を心がける親はランチを持参させる傾向がある。筆者の息子が通ったゴルト小学校は、給食は無償にもかかわらず、半数の子どもたちがランチを持参していた。一般的な学校給食はこのような状況であるのに比較して、パシフィック小学校ではほとんどの子が給食を食べる。エメリア先生は、「家庭では保護者が子どもに何を食べさせても自由。でも、学校が子どもに与えるのはよい食事でないといけない。よりよい食は学校で学ぶべきことのひとつだから」がモットーである。

（注6）エメリア先生によると、「フードラボと同じような取り組みをしている、と、カナダからメールを受け取ったことはある」が、その他には同様の事例を耳にしたことがないとのことだった。

コラム4

真貝理香（総合地球環境学研究所　外来研究員）

市民が地域の食をつくる「フードポリシー・カウンシル」の可能性

連携の必要性

本書で、数多くの事例が紹介されているように、有機給食が照らしだすのは、地域の食と農の連携の必要性であり、未来を担う子どもたちの食を、「公」のものとしてとらえ、保護者のみならず、市民も声をあげて協働することの重要性である。

すでに日本各地で有機給食の推進を求める市民団体が活動しているが、有機給食を実行に移す場合、一般に市町村では、給食は教育委員会、農業は農林課というように、関連する担当部局が複数に分かれており、コミュニケーションや連携がうまくできないという「縦割り」の壁に直面することも多い。

このため、地域の食と農の課題解決のためには、一歩進んで、市民による組織側が、生産者や流通業者とのネットワークをつくり調整を行なったり、行政への提言へと駒を進めたりすることも一つの有効な方法であると考えられる。

本コラムでは、市民が地域の食のあり方に能動的にかかわっていく仕組みとして、現在、欧米で広がる「フードポリシー・カウンシル（Food Policy Council：以下FPCと略）」という市民協議体について紹介したい。

「フードポリシー・カウンシル」とは

フードポリシー（Food Policy）とは、直訳すれば食の政策だが、この場合は、多角的視野による「総合的な食政策」を指す。現代社会は、生産と消費の場が離れているため、食の問題は、包括的な視野で分野横断的な施策が必要である。また時代の要請や地域によっても課題はさまざまに異なる。そのため、１９８０年代より、北米を中心に「食をテコにした地域づくり」を目的とした、ＦＰＣが各地で設立され、現在はイギリスをはじめ、欧州各地にも広がっている（立川、２０１８などに詳しい）。

ＦＰＣはさまざまな立場のメンバー（農業、流通業、小売、消費者、教育関係、研究者、公衆衛生、市民団体、医療関係者など）が協議し、ネットワークをつくって活動することが特徴だ。各分野について熟知したメンバーが参画することで、具体的なアイディアや行政の縦割りを超えた連携、政策提言が可能となる。

またこれらの活動の根底にあるのは、自分たちの食のあり方を行政任せにするのではなく、自分たちで守りたい、必要があれば新たな仕組みをつくりたいという市民主導のスタンスであろう。

日本にもＦＰＣを「食と農の未来会議」

近年日本でも、こうした海外のＦＰＣの活動が、紹介されるようになり、雑誌『農業と経済』（昭和堂、２０２１）では、ローカル・フードポリシーの特集が組まれた。

また、ＦＰＣの理念に共鳴した団体も、国内で産声をあげつつある。たとえば「食と農の未来会議・京都」（以下ＦＰＣ京都）は、総合地球環境学研究所（京都市）で、

図　食と農の未来会議・京都パンフレット

持続的な食農システムを研究するFEASTプロジェクト（2016〜2020年度）が、京都でもFPCのような組織をつくりたいと、セミナーやワークショップを重ねて、2018年に組織された。現在は、研究者・流通関係・構成作家・ウェブデザイン関連のメンバーがおもに活動しており（真貝、2021）、図のような理念をかかげている。

京都市内でも、都市農地の減少や、子どもの貧困にともなう食の問題など、看過できない課題は複数ある。そのなかでもFPC京都では、理想および活動の優先事項を、①身近な場所で食料生産が行なわれること・都市農業の重要性、②できるだけ生産はオーガニックであること、また消費者がスーパーなど身近な場所でオーガニック商品を購入しやすい環境が整うこと、③次世代の子どもたちが健康で豊かな食を得られること、④京都市内で活動中の関連団体をネットワーク化して、そのハブとなることを掲げた。

学校給食に関しては、京都市の小学校給食は1日約6万6000食と大規模である。そのためFPC京都では、2021年、まずは小ロットでも「できるところから」オーガニック食材の子どもたちへの導入を進めるべく、市内の保育園・幼稚園全535園に、給食の現状を問う郵送アンケートを行なった。アンケートでは、給食費やよく使う野菜といった基礎データに加えて、オーガニック食材の導入状況や、今後導入したいか、また導入するならば何が障壁となるかなども質問している。アンケート結果からは、すでに有機食材を導入している園や、導入を希望している園もあり、今後、実践例を紹介したり、導入を希望する園と流通業者や生産者とのマッチングをしたりすることも視野に入れている。2022年秋には、保育園の経営者や保育士・給食関係者を対象とした、有機農家・流通業者とのワークショップも開催し、好評であった。保育施設へのオーガニック食材の導入には、各立場ごとの現場事情や思いを知り、情報共有のプラットフォームをつくっていくことが重要であると、大きな手応えを得た。

京都市では、すでに環境団体や、有機農産物を扱う団体・店舗、流通、大学などの研究機関も多いが、こうした「点」を、今後どのようにネットワーク化していくかも大きな課題である。また、子ども食堂と、生産者・流通関係者をつなぐことができるよう、各団体との連携も進めている。

現在、日本各地で進行中の有機給食を求める市民の動きも、地域の持続可能な食と農の仕組みづくりという側面を持つ。食と農に関する課題は、地域によって異なる。有機給食をはじめとした「食をテコとした地域づくり」を目指すFPCのような組織が、今後、日本各地で生まれることが求められている。

参考文献

『農業と経済』（２０２１）「特集　食からの地域づくり―ローカル・フードポリシー」４月号、昭和堂

真貝理香（２０２１）「食と農の未来会議への挑戦 京都府京都市」『みんなでつくる「いただきます」』昭和堂

立川雅司（２０１８）「北米におけるフードポリシー・カウンシルと都市食料政策」『フードシステム研究』25（3）、１３０‐１３７頁

まとめにかえて

有機給食の広がりから見える世界
――誰も取り残さない共生・連帯にもとづく社会へ

靍　理恵子（専修大学人間科学部教授）

本書で取り上げた事例の数々、そしてQ&Aの一つ一つは、有機給食に関心をもっている人、有機給食を始めようとしている人、すでに取り組んでいる人など、それぞれの背中を押すものとなっただろうか。

最後に、これまでの内容をふまえたうえで、有機給食の広がりから見える世界について考えておきたい。それは、誰も取り残さない共生・連帯にもとづく社会をつくることにつながっていくのではないだろうか。有機給食の取り組みは給食をよくすることにとどまる事象ではなく、私たちが暮らすこの社会を足元から変えていく、ラディカルな（根本的な）取り組みへと展開していく可能性をもつ、と考える。

以下、どのような動きや可能性を見出すことができるのか、みていこう。

一つめは、有機給食は、地域農業と有機農業、地産地消をつなぐ契機となるということである。有機給食をきっかけに、農法の違いを超えて農家が集い協力することで、慣行農家か有機農家かの「壁」は低くなる。それは地域における農家同士の新たなつながりを生み出し、有機農業を意識した地域農業の展開や地域社会の存続へとつながる可能性を広げる。

実際、学校給食への農産物提供を始めた農業者たちからは、さまざまな声が聞こえてくる。「統一した農法は目指さない、有機でないとダメとはしなかった」「圃場見学を計画するとき、本当に大切なものは何？と考えた。すると、有機栽培の圃場に限定せずに、こだわりをもってやってる農家の圃場でもいいいと思った」「慣行農業の人たちとも、謙虚な気持ちでおつきあいすれば、技術面も含め、お互いに学べることは多い」「農家同士のつながりはなかった。それが有機の関連でつながりができた」「じじ・ばば世代は、孫がかわいい。新しい市長が、公約に有機給食を導入したい、と盛り込んだ。それで、じじ・ばば世代にも有機栽培が特別な存在でなくなってきた」「有機ＪＡＳだと地元でなくてもいい、となる。じゃなくて、地元のものを地元の消費者に、ということをやるんだから、参加型認証を選択しよう、としている」。

これらの声からは、有機給食の取り組みが各地域、それぞれの地元にいる農業者たちの結集の契機あるいは出会いの場となっていることがうかがえる。

そしてそれは一つの正しさ（＝有機農業に限る）を求めずに、それぞれの農法を尊重することを前提に成り立っていることがわかる。

二つめは、「市民皆農」の動きが生まれることである。本書で紹介された長野県松川町の事例は、その典型といえよう。松川町では、作物をつくることはプロの農家だけのものではなく、私にもできるかも、やってみようという機運の醸成に成功しつつある。「遊休農地を活用して、あなたも学校給食へ届ける野菜を栽培してみませんか？」という町民へのお誘いは、市民皆農へとつながる動きになりつつある。町作成のガイドブックには、「あなたは自分で野菜をつくったことがありますか？」という問いかけがなされていて、私もやってみようかな、一人でやるのではなく「先生」がいること、仲間もいる（できる）からできるのでは、と作物をつくること、土にかかわることへのハードルが下がっているのが特徴である。

その他、本書では取り上げていないが神奈川県秦野市の「ＪＡはだの」の取り組み(注1)も、市民に土を耕す機会を提供する取り組みを広げていることとして注目される。野菜の収穫や田植えといった手軽な農業体験をしたい人向けの会員組織や、栽培指導が受けられる駅近の農業体験農園、荒れた農地をＪＡが借り受け、好きな野菜を育ててみたい人に貸し出す市民農園など、農の市民参加を促すメニューを用意している。これは、気軽に参加できる機会を設けて、農への関心をもつ市民を増やすことで、一人ひとりのかかわりは小さくとも、まとまれば農地を耕し続ける力になり、そこから主体的に農業にかかわろうとする人が生まれてくるかもしれないことを期待してのことである。農にかかわる人びとの裾野を広げることで、学校給食への有機農産物の栽培・提供もしやすくなる。

注１　「取材考記　文化くらし報道部　大村美香　「育ててみたい」を応援するＪＡはだの」（「朝日新聞」２０２２年３月14日掲載）、榊田みどり『農的暮らしをはじめる本』農文協

三つめは、かかわる個人・組織それぞれにおける視野の広がりあるいは複眼的思考の獲得である。自分の視点からだけ世界を見てものを考え、行動することは、しばしば多くのトラブルのもととなる。農家やつくり手の側の状況を知らないと、無理な要求になりがちである。しかし、農家や作り手の状況を知ることで、ここまでならできる、これはちょっと無理、などが要求する側にもわかってくる。

農家やつくり手の側も、栄養士や調理員、学校側等、要求する側の思いや熱意がわかれば、考えてみようか、工夫してみようか、という方向へ動くこともある。

四つめは、学校給食にかかわる個人・組織の全体像とそれぞれの視点や思いを理解するなかで、そこで取り結ぶ関係性の中身が大きく変わっていくことである。食材の生産・供給、調理・消費という顔の見えない関係ではなく、お互いの事情を知る顔の見える人間同士のつきあいになっていく。その結果、地域づくり、地域農業振興、食育にプラスの効果をもたらすのみならず、それぞれの仕事のやりがいや誇り、楽しみにもつながっている。かかわる人皆が喜び、うれしくなるような世界が生まれている。それぞれの喜びの根底には、農家として、栄養士として、調理員として、教育者として、保護者としての「役割遂行」による達成感がある。

最後に、有機給食の広がりによりどのような世界が見えてくるのかを述べて終わりにしたい。かつては頼りになるとされた個人・家族・地域社会・学校・職場等の弱体化のなか、「格差」の拡大と広がる自己責任論は、本来、社会的に解決すべき問題（＝社会問題）を個人の問題、私的問題へと矮小化させている。

有機給食の取り組みは、そうしたなかで、人と人のつながりの創出、既存の集団・組織の連携や新たな集団・組織の設立をもたらしている。学校や保育園・幼稚園等が、そこに通う子どもたちを真ん中にして、新たな社会を構想・創出する社会的行為である。子どもの貧困への着目から、学校給食の充実は社会問題であり、それに必要な経費を公費で賄うことへの社会的合意は次第に形成されつつある。

共の領域がやせ細り公と私に社会が二極化していること、そしてその公が頼りにならなければ、私＝自助努力にかかってしまうことに対し、さまざまな人びとが懸念を表明している。たとえば人類学者の松村圭一郎は、『くらしのアナキズム』（ミシマ社、2021年）で以下のようなことを述べている。「この本で考える『アナキズム』は達成すべき目標ではない。むしろ、この無力で無能な国家のもとで、どのように自分たちの手で生活を立てなおし、下から「公共」をつくりなおしていくか。『くらし』と『アナキズム』を結びつけることは、その知恵を手にするための出発点だ」という。

松村の「くらしのアナキズム」的発想に立てば、学校給食に有機食材を、ということは、暮らしのなかの実践の一つである。頼りにならない国家の下で、足元から自分たちの手で暮らしを立て直していく。学校給食が、貧困の解消、食の豊かさ（食の大切さ、食べる楽しみ、農や自然とのかかわり）等が凝縮されたものである以上、それにかかわり、新たな「公共」を創り出していくことは、とても大事なことであり、必要なことである。

かかわる人びとには、否応なく常識を疑ってものを考えること、会話し、お互いの考えを出し合い、譲歩したりまとめたりして、協力していくことが求められる。それは、学校給食の有機食材提供という目標達成にとどまらず、民主主義の社会の担い手を生み・育てることにつながる。一人ひとりが社会をよりよい方向へつくり変える力をもつことになる。

今、「公」の領域を取り戻す、増やそうとするさまざまな動きがある。「公」の領域にあるものは、本来はみんなのものであり、入手・利用するのにお金がかからないか、比較的安価に提供されるべきものである。たとえば医療、教育、水、住宅、交通、通信、電気……。これらは公共財的性格がかなり薄れ、私的財化して久しいが、改めて考え直すべき時が来ているという声もある。

行政学者の鳫咲子は、学校給食の無償化を求める声をもっと大きくしよう、かつて医療の無償化を求める声が上がり、広がっていったように、と述べる。(注2)

私たち一人ひとり、その置かれた社会状況はさまざまである。誰も取り残さない、ひとりも見捨てない共生・連帯の社会に、少しでも近づける努力が求められている。生きていくうえで必要不可欠なものをできるだけ「公共」の領域で保証していくことである。それが格差を是正し、「平等」を担保するとともに、誰も見捨てない社会を実現することになる。

改めて、学校給食は教育の一環であること、教育は公共財の一つであるから、学校給食を公共財として予算措置を行なうことへの市民的合意を得ることが求められる。

地域の「公」とは、みんなのための領域であり、学校、保育園、病院等はみんなのための公的機関である。そうした場に、どのような人びとがどのようなかかわりをしているかが、その場の性格や機能に影響を与えていく。地元でつくられた有機農産物を学校等の給食へ届けることは、学校に通う子ども・教職員等の食を支えるだけでなく、学校のある地域の生産者を育てる・支えることになる。さらに、関係するさまざまな人びとの間で新たな社会関係が結ばれることは、当該地域社会の個人・集団・組織の関係性の創出を意味する。顔を合わせ、相互作用を重ねるなかで他者への信頼も蓄積されていく。それは、学校給食を良くしていくだけでなく、その他の多種多様な地域課題や何らかの災害時・非常時に頼りになる窓口や場の創造にもつながる可能性をもつ。

たとえば、地域に〈公〉を広げてきた事例がある。すでに40年近くの時間の蓄積をもつ、鹿児島県鹿児島市内の有機農業者・橋口孝久さんたちの取り組みである。橋口さんの周りには、食・農・地域に関心をもつ人が「自然と」集まってくる。新規就農希望者、慣行農家、定年帰農者、家庭菜園希望者、子育て中の若い家族など……。

そして、地元の保育園（くすの子保育園）への米の納入、園児と保護者向けの無農薬での野菜づくり講座、一般の人向けの無農薬栽培での野菜づくりの講座、田んぼの講座（田植え、生きもの調査、稲刈り、合鴨の命をいただく会）等がなされて、現在に至っている。

有機給食の問題だけでなく、地域には「なければ創る」という思いの人たちがいる。制度化されていないなら、自主的に始める、制度を創出する始まりで、似たような取り組みは、全国各地で、今、同時発生的に起きているのではないか。

（注2） 第102回ＨＧＰＩセミナー「コロナ禍で顕在化した、子ども・家庭の貧困『食』の視点から考える」（２０２１年12月３日）で鳫は講師として発言。https://hgpi.org/events/hs102-1.html、２０２２年２月２日閲覧。

できるところからやっていく、いきなり全部を整えようとしない、小さな取り組みから始める。小さなままなら、広がらなければそれはそれで仕方ない。賛同者が増えれば、大きなものになるかもしれない。人口規模の大きな自治体では無理、と最初から諦めていないか。現代の日本社会においてやれることはたくさんあるし、やっている人はたくさんいる。

有機農業・有機給食を理解するためのブックガイド

吉田太郎
（フリージャーナリスト）

本書のなかでも述べられているように、有機給食は、農産物の生産・流通・調理だけでなく、法制度や環境問題、さらには、合意形成のあり方なども関係している。この本を手に取られたあなたも、食べものの安全性や栄養価に関心があるという点では私と同じだと思うのだが、あなたが生産者であるのか、保護者であるのか、栄養士であるのか、あるいは、自治体や農協の関係者であるのかによって、関心のもち方や重点の置き方が異なると思う。

こうしたなかで大切なのは、関係者同士が有機農業や食についての理解を深め合うことだ。私は有機農業や有機給食のさまざまな実践の場を取材し学ばせていただいている。以下では、そうした現場を理解するうえで参考になった本を紹介したい。

*

まずは、給食の「質」が大事だという理解を深めるうえで手に取ってほしいのは、藤原辰史『**給食の歴史**』（２０１８年、岩波新書）、島村菜津『**スローフードな日本！**』（２００６年、新潮社、２００９年、新潮文庫）、小若順一・国光美佳『**食事でかかる新型栄養失調**』（２０１０年、三五館）などだ。

そして、栄養と農業や土壌、腸活との関連では、『**土と内臓—微生物が作る世界**』（２０１６年、築地書館）

など、デイビッド・モントゴメリーの一連の著作をおすすめしたい。より手にとりやすいものとしては桐村里紗『**腸と森の「土」を育てる—微生物が健康にする人と環境**』（2021年、光文社新書）がある。

食の問題は環境問題とふかくかかわっている。自然環境には限界があることをあらわす「プラネタリー・バウンダリー（地球の限界）」という言葉が注目を集めているが、この話題についても膨大な専門書がある。そのなかで専門性を落とさず、広範な分野を網羅している読みやすいものとして、ポール・ホーケンの『**DRAWDOWN ドローダウン—地球温暖化を逆転させる100の方法**』（2020年、山と溪谷社）および『**Regeneration リジェネレーション［再生］—気候危機を今の世代で終わらせる**』（2022年、山と溪谷社）をおすすめしたい。

また、本書のキーワードのひとつである「みどりの食料システム」については、農文協編『**どう考える？「みどりの食料システム戦略」**』（2021年、農文協ブックレット23）がわかりやすい。

具体的な有機給食の実現については安井孝の『**地産地消と学校給食—有機農業と食育のまちづくり**』（2010年、コモンズ）ははずせない。同書の編集者である大江正章の『**有機農業のチカラ—コロナ時代を生きる知恵**』（2020年、コモンズ）とあわせて読むことをおすすめする。

＊

有機農業の具体的な技術に関する本については、「○○さんの農法」という実践農家の著作から研究者の土壌学、微生物学まで多岐にわたるが、まとまったものとして、日本有機農業研究会編『**有機農業ハンドブック—土づくりから食べ方まで**』（1999年、農文協）、中島紀一・金子美登・西村和雄編著『**有機農業の技術と考え方**』（2010年、コモンズ）、澤登早苗・小松崎将一編著『**有機農業大全—持続可能な農の技術と思想**』（2019年、コモンズ）、杉山修一『**ここまでわかった自然栽培―農薬と肥料を使わなくても育つしくみ**』（２０２２年、農文協）などが参考となろう。『**有機農業の技術と考え方**』には、本書の編者である谷口吉光による有機農業関係の技術書について解説した一章もある。雑誌では、「**やさい畑**」（家の光協会）や「**月刊現代農業**」（農文協）、そして、季刊であるが「**地域**」や「**うかたま**」（ともに農文協）にも役立つ多くの記事が掲載されている。

稲作については稲葉光國の『**あなたにもできる無農薬・有機のイネつくり―多様な水田生物を活かした抑草法と安定多収のポイント**』（２００７年、農文協）があるが、稲葉が設立した民間稲作研究所から出ているＤＶＤ「**いのち育む有機稲作　循環型有機農業のすすめ**」（２０２０年）もわかりやすい。

＊

書物とは異なりＤＶＤや映画では、有機学校給食に具体的に携わる生産者、栄養士、調理師、そして、受益者である子どもたちの生の声や表情をリアルに体感できる。「**希望の給食―食と農がつむぐ自治と民主主義**」（２０１２年、太平洋資料センター）やオオタヴィン監督が有機給食の事例を描いた映像作品（「**いただきます**」（２０１６年）、「**いただきます２　ここは、発酵の楽園**」（２０２０年）、いずれも自主公開用ＤＶＤあり）もある。こうした作品は関係者が集まっての学習会などでは有効だろう。

＊

本書でトピック的に扱われたいくつかの用語についての理解を深めるための本等も紹介したい。

フランスの「エガリム法」（106ページ）については、Ｋｉｎｄｌｅ版だけだが本田恵久・遠藤美香の「**フランスのオーガニック給食**」（２０２２年）、ＤＶＤ「**未来の食卓**」（２００８年）、「**給食からの革命**」（２０１９年）がある。拙著『**タネと内臓―有機野菜と腸**

内細菌が日本を変える』（2018年、築地書館）はいささか古いが一章を割いてエガリム法やフランスのアグロエコロジーについてふれている。

「フード・ポリシー・カウンシル」（184ページ）について京都市や長野県の小布施町の事例を紹介したものに、田村典江他『みんなでつくる「いただきます」―食から創る持続可能な社会』（2021年、昭和堂）がある。同様の視点から、海外の食の動きを把握するうえで役立つのは平賀緑『食べものから学ぶ世界史―人も自然も壊さない経済とは？』（2021年、岩波ジュニア新書）である。

＊

本書を読むと、有機給食の実現が、地方自治や地域再生そして地域内での資源循環とセットであることがわかる。

こうした点から参考になるのは、生ゴミの循環に関するこれまでの多くの取り組みである。有機給食、地産地消給食にもつながる実践マニュアルとして、中村修・遠藤はる奈著『成功する「生ごみ資源化」―ごみ処理コスト・肥料代激減』（2011年、農文協）と中村修『ごみを資源にまちづくり』（2017年、農文協）には、多くの失敗を踏まえたうえで、関係者の合意を形成するためのノウハウが満載されている。

なお、有機学校給食による地域再生としては、日本の有機農業の発祥の地、宮崎県綾町の郷田實元町長の『結いの心―綾の町づくりはなぜ成功したか』（1998年、ビジネス社）と、それから20年後に出版された兪炳匡『日本再生のための「プランB」―医療経済学による所得倍増計画』（2021年、集英社新書）をあわせて読みたい。

有機農業・有機給食関連サイト（リンク集）

農林水産省

「みどりの食料システム戦略」技術カタログ
https://www.maff.go.jp/j/kanbo/kankyo/seisaku/midori/catalog.html

長野県農業試験場

有機農業技術情報。国、各都道府県、長野県の試験場で開発された有機農業や環境保全型農業に活用できる技術のリンク集がある。
https://www.agries-nagano.jp/research/organic-farming-platform/organic-farming-info

自然農法国際研究開発センター（長野県）

自然農法の研究・普及活動に関する情報が紹介されている。
https://www.infrc.or.jp/

民間稲作研究所（栃木県）

故稲葉光國氏の呼びかけで 1997 年に設立された。無農薬での稲作の技術が紹介されている。
https://www.inasaku.org/

有機農業参入促進協議会（東京都）

技術・事例情報のリンクを紹介している。
https://yuki-hajimeru.net/?page_id=2465

オーガニック給食マップ

オーガニック給食に関する日本・世界の活動や情報をまとめている。
https://organic-lunch-map.studio.site/

執筆者一覧（50音順）　＊は編著者

大林千茱萸——映画作家
小口　広太——千葉商科大学人間社会学部　准教授
三瓶　裕美——つちのと舎　代表
真貝　理香——総合地球環境学研究所　外来研究員
関根　佳恵——愛知学院大学経済学部　教授
高橋　優子——ＮＰＯ法人全国有機農業推進協議会「学校給食を有機に」ワーキングチーム
辰巳千嘉子——コープ自然派事業連合　副理事長
伊達　明美——喜多方市立加納小学校　校長
谷口　吉光＊——秋田県立大学地域連携・研究推進センター　教授
靏　理恵子＊——専修大学人間科学部　教授
手塚　幸夫——房総野生生物研究所・いすみ市自然と共生する里づくり連絡協議会環境部会
富永由三子——長野県中川村地産地消コーディネーター
福原　圧史——柿木村有機農業研究会　会長
胡　柏——愛媛大学大学院農学研究科　教授
宮島　公香——長野県松川町産業観光課農業振興係
山本　奈美——京都大学大学院農学研究科・研究員（非常勤）
吉田　太郎——フリージャーナリスト
吉野　隆子——オーガニックファーマーズ名古屋　代表

編著者略歴

靏　理恵子（つる・りえこ）

専修大学人間科学部教授。1962年、福岡県生まれ。甲南女子大学文学研究科博士後期課程満期退学。博士（社会学）。吉備国際大学准教授、跡見学園女子大学教授などを経て現職。日本村落研究学会会員。グローバル化の深化のもと、「食と農」「家族」をキーワードに農村と都市の関係性について、フィールドワークを通して社会学・民俗学の観点から研究している。著書に『農家女性の社会学』（コモンズ、2007年）、『生活環境主義のコミュニティ分析』（共著、ミネルヴァ書房、2018年）、『年報村落社会研究55　小農の復権』（共著、農文協、2019年）、『現代家族のリアル』（共著、ミネルヴァ書房、2021年）、『有機農業大全』（共著、コモンズ、2019年）ほか。

谷口　吉光（たにぐち・よしみつ）

秋田県立大学地域連携・研究推進センター教授。
1956年、東京都生まれ。上智大学大学院文学研究科博士後期課程満期退学。博士（農学）。専門は環境社会学、有機農業研究、食と農の社会学。秋田を拠点に、農・食・環境に関わる幅広い問題について地域の人々と問題解決に取り組んできた。著書に『有機農業はこうして広がった』（編著、コモンズ、2023年）、『八郎潟はなぜ干拓されたのか』（秋田魁新報社、2022年）、『有機農業大全』（共著、コモンズ、2019年）、『「地域の食」を守り育てる』（無明舎出版、2017年）、『食と農の社会学』（編著、ミネルヴァ書房、2014年）ほか。

有機給食スタートブック

考え方・全国の事例・Q&A

2023年4月5日　第1刷発行

編著者　靏 理恵子・谷口 吉光

発行所　一般社団法人　農山漁村文化協会
〒335-0022　埼玉県戸田市上戸田2丁目2-2
電話　048(233)9351(営業)　048(233)9376(編集)
FAX　048(233)2812　振替　00120-3-144478
URL　https://www.ruralnet.or.jp/

ISBN978-4-540-22125-5　DTP製作／㈱農文協プロダクション
〈検印廃止〉　印刷／㈱光陽メディア

製本／根本製本㈱
Printed in Japan　定価はカバーに表示
乱丁・落丁本はお取り替えいたします。

農文協の図書案内■有機農業と地域自給・食料自給を考える

有機農業ハンドブック
土づくりから食べ方まで
日本有機農業研究会編集・発行
A5判366頁　3619円＋税

日本有機農業研究会会員の27年にわたる無農薬・無化学肥料栽培探究の集大成。米麦など主食穀物・雑穀・野菜・果樹・茶の栽培から、有機農産物を活かす加工・調理法まで、自然と共生する健康な暮らしを丹念にガイド。

ここまでわかった自然栽培
農薬と肥料を使わなくても育つしくみ
杉山修一　著
A5判188頁　2000円＋税

無農薬・無肥料栽培は農薬と肥料を使わないだけでは不可能。耕起と除草は行ない、低窒素の有機物を施用するなど、農薬と肥料を使わなくても育つ自律的養分供給システムをつくる道筋を解説。

あなたにもできる無農薬・有機のイネつくり
多様な水田生物を活かした抑草法と安定多収のポイント
稲葉光國著　A5判196頁　2200円＋税

基本を守れば労力・経費をかけず、安全でおいしい米が安定多収できる。そのポイント①田植え30日前からの湛水と深水、②4・5葉以上の成苗を移植、③米ヌカ発酵肥料（ボカシ肥）の利用、を中心に抑草と栽培方法を紹介。

BLOF（ブロフ）理論で有機菜園
初めてでもうまくいくしくみ
三澤明久著　小祝政明 監修
AB判144頁　2200円＋税

有機栽培でも驚くような収量がとれ、味が濃く栄養価の高い野菜がつくれる。「BLOF」理論の基礎と実践を、家庭菜園向けにイラスト豊富に解説。小さな畑での太陽熱養生処理のコツ、有用微生物の増やしかた・使い方、野菜43種の栽培レシピも掲載。

（価格は改定になることがあります）

日本は食料危機にどう備えるか

コモンズとしての水田農業の再生

石坂匡身・大串和紀・中道宏著
A5判180頁　1600円＋税

食料危機が現実味を帯びるなか、日本は食料確保の備えをもっているだろうか。その危うい現状を明らかにし、食料安全保障の本来のあり方を農地の確保とコモンズとしての水田農業の再生を重点に大胆に提言する。

テーマで探究　世界の食・農林漁業・環境

B5判（オールカラー）144頁〜164頁　各2600円＋税／セット価格7800円＋税

農林水産業はいのちと暮らしに深くかかわり、地域、森・里・川・海、日本さらには世界と深くつながっていることを問いから深めるシリーズ

①ほんとうのグローバリゼーションってなに？
――地球の未来への羅針盤　池上甲一・斎藤博嗣編著

②ほんとうのサステナビリティってなに？
――食と農のSDGs　関根佳恵編著

③ほんとうのエコシステムってなに？
――漁業・林業を知ると世界がわかる　二平章・佐藤宣子編著

（価格は改定になることがあります）